Francesca Weil

Die Runden Tische in der DDR 1989/90

Titelbild: Gespräche am Zentralen Runden Tisch in Ost-Berlin am 7.12.1989, ullstein bild, 00155304

Dr. Francesca Weil ist Historikerin und arbeitet als wissenschaftliche Mitarbeiterin am Hannah-Arendt-Institut an der TU Dresden. Sie veröffentlichte zahlreiche Bücher und Aufsätze zur Geschichte der DDR und des Nationalsozialismus. Gegenwärtig arbeitet sie an einer Studie zur Gesellschaftsgeschichte Sachsens während des „totalen Krieges" (1943-1945).

In dieser Publikation verzichten wir auf Belege, Fußnoten und Hinweise. Bei Bedarf können Sie den wissenschaftlichen Apparat in Francesca Weil, Verhandelte Demokratisierung. Die Runden Tische der Bezirke 1989/90 in der DDR, Göttingen 2011, einsehen.

Landeszentrale für politische Bildung Thüringen
Regierungsstraße 73, 99084 Erfurt
www.lzt-thueringen.de
2014

ISBN: 978-3-943588-41-5

Inhalt

Vorbemerkung

Die Auffassungen über die Runden Tische in der DDR, ihre Funktionen, Erfolge und Grenzen gehen nach wie vor weit auseinander. Für den Politikwissenschaftler und Beobachter des Zentralen Runden Tisches der DDR, Uwe Thaysen, stellten sie einen „Faktor der europäischen Demokratisierungsgeschichte 1989/90“ dar. Ehemalige Protagonisten dagegen charakterisieren die Runden Tische mitunter als „Kaffeekränzchen“, durch die sich die revolutionäre Bewegung des Herbstes 1989 ihr „Erstgeburtsrecht auf die Neugestaltung der Gesellschaft“ habe abkaufen lassen. Oder sie verstehen sie rückblickend als „Feigenblatt“ bzw. Ablenkungsmanöver für jene, die im Hintergrund tatsächlich die politischen Strippen gezogen hätten. In der alten Bundesrepublik wiederum ist schon allein der Zentrale Runde Tisch „zuweilen als naive Konstruktion einer direktdemokratischen Alternative zum Parlament“ missverstanden und „als Ausdruck politischer Willensartikulation der DDR-Bevölkerung“ nicht ernst genommen worden. Werden die Runden Tische jedoch als Bestandteil und Errungenschaft der Friedlichen Revolution verstanden, wird man vor allem der eigenständigen und gestalterischen Rolle von DDR-Bürgern gerecht. In diesem Zusammenhang soll folgenden Fragen nachgegangen werden: Gebührt den Runden Tischen ein Anteil am Demokratisierungsprozess in der DDR? Handelte es sich bei den Runden Tischen tatsächlich um direkt- bzw. basisdemokratische Institutionen? Stehen die Runden Tische von 1989/90 in der Tradition der so genannten round-table talks oder in der zivilgesellschaftlicher und bürgerschaftlicher Aktivitäten? Oder stellen sie vielleicht sogar ein eigenständiges, einmaliges Phänomen dar?

Runde Tische – Begriff, Institution und Genese

Als politische Institution fordert man Runde Tische immer dann ein, wenn gesellschaftliche Gruppierungen strittige Meinungen austauschen wollen, um trotz ungleicher Ausgangsinteressen eine Einigung zu erzielen. Insofern herrschen an Runden Tischen besondere Kommunikationskonstellationen. Allen Teilnehmern ist die Notwendigkeit einer Konfliktlösung bewusst, so dass sie darauf festgelegt sind, eine Kompromisslösung zu erzielen. Runde Tische gelten demnach als letztes Mittel für eine Einigung im Interesse aller Beteiligten und drücken den Willen zum Konsens aus.

Runde Tische weisen eine lange kulturgeschichtliche Tradition auf. Auch der Begriff stellt keine zeitgeschichtliche Neuschöpfung dar, sondern geht kultur- und sprachhistorisch auf die König-Artus-Sage zurück, in der in altfranzösischer Fassung der Ausdruck „la Table Ronde“ verwendet wurde. Überliefert von der ritterlichen Tafelrunde steht in diesen Gremien die Idee der Gleichwertigkeit von Gesprächspartnern im Mittelpunkt. Sie kommt in der Metapher des Kreises, der Runde zum Ausdruck. Spätestens mit der Französischen Revolution und dem politischen Grundwert der Gleichheit als bestimmende Norm gewann die Idee der Parität von Gesprächspartnern erneut an Bedeutung. Die moderne politische Institution Runder Tisch begann sich Anfang des 19. Jahrhunderts in Europa, zuerst in England als round-table talks, zu etablieren. Auf weltpolitischem Terrain war es vor allem die in den Jahren 1930 bis 1932 drei Mal einberufene „Indian Round Table Conference“, welche Bedeutung und Chancen dieser Institution, aber ebenso deren Grenzen erkennen ließ.

In den Umbruchsjahren 1989/90 entstanden derartige Gremien u. a. in sechs von sieben ost- und mitteleuropäischen Staaten. Nur in der UdSSR wurden ausnahmslos alle Forderungen radikaler Reformer und oppositioneller Politiker, ein derartiges Gremium einzurichten, abgelehnt. Die damalige politische Führung verwies darauf, dass die neu gewählten Sowjets legitimiert genug seien, die Probleme der Demokratisierung zu lösen.

In Polen, Ungarn, in der DDR, der Tschechoslowakei, in Bulgarien und Rumänien (und sogar in der Mongolei) entwickelten sich Runde Tische dagegen zu unverzichtbaren Institutionen des Systemwechsels. In Hinblick auf die Ereignisse in Rumänien müssen allerdings Einschränkungen gemacht werden: Der Dialog des Rates der Front zur Nationalen Rettung (FNR) mit den neu entstandenen politischen Parteien ist zwar in den rumänischen Medien, aber von keiner beteiligten Seite offiziell als

Runder Tisch bezeichnet worden. Außerdem mündete die Aussprache sehr rasch in ein provisorisches Parlament. Dennoch wiesen sowohl der Dialog als auch das Wirken des hieraus entstandenen Provisorischen Rates der Nationalen Einheit Merkmale eines Runden Tisches auf. Als Einrichtungen des Übergangs zu einer neuen Gesellschafts- und Staatsform hatte es diese Gremien bereits in Polen und Ungarn gegeben, bevor sich auch in der DDR der Zentrale Runde Tisch und hunderte Runder Tische auf lokaler und regionaler Ebene konstituierten. Hinzu kamen hier so genannte thematische Runde Tische.

Runde Tische zu etablieren, erschien 1989/90 in allen sechs ostmitteleuropäischen Staaten als dringend notwendig. Mit dem Aufbrechen der Widersprüche und Interessenkonflikte waren die jeweiligen politischen Systeme in offene Legitimationskrisen geraten. Für eine gewaltfreie Bewältigung der Gegensätze existierten damals keinerlei politische Instrumentarien oder Institutionen; die Konflikte konnten nur außerhalb der offiziellen Strukturen der politischen Systeme gelöst werden.

Das gemeinsame Hauptmerkmal aller Runden Tische weist sie als wichtige Instrumente des friedlichen Systemwandels und -wechsels aus. Ein Vergleich dieser Institutionen lässt aber auch deutliche Differenzierungen erkennen. Dazu zählen Unterschiede, die sich aus der jeweiligen Dauer und den Verlaufsformen der Prozesse 1989/90 in den einzelnen Ländern ergaben. Dabei hat sich das Fazit eines Beobachters, in Polen habe der Fall des Kommunismus zehn Jahre gedauert, in Ungarn zehn Monate, in der DDR zehn Wochen, in der SSR zehn Tage und in Rumänien zehn Stunden, zum geflügelten Wort entwickelt. Je länger ein Prozess gedauert habe, umso größer sei der Anteil an Verhandlungen und umso kleiner der an Massenmobilisierung und Gewaltanwendung gewesen.

So war beispielsweise der Führungsanspruch der Polnischen Vereinigten Arbeiterpartei (PVAP) ungebrochen, als der Runde Tisch in Polen seine Tätigkeit aufnahm. Auch wenn alle Vereinbarungen über das politische System der Opposition einen schrittweisen Zugang zur Macht eröffneten, kamen sie doch auch diesem Führungsanspruch entgegen. Dagegen einigten sich die Teilnehmer am tschechoslowakischen Gremium schon nach kurzer Verständigung auf den Verzicht des Führungsanspruchs der Kommunistischen Partei der Tschechoslowakei (KPČ). Sowohl in der DDR als auch in Bulgarien waren entsprechende Verfassungsänderungen (unmittelbar) vor Aufnahme der Verhandlungen an den Runden Tisch vollzogen worden. In Rumänien existierte zu diesem Zeitpunkt die bis dahin herrschende kommunistische Partei bereits nicht mehr.

Weitere Unterschiede betreffen die Initiatoren zur Gründung der Gremien. In Bulgarien, in der Tschechoslowakei und in der DDR wurden die Runden Tische den herrschenden Parteien durch Volksbewegungen und oppositionelle Organisationen abgerungen, während in Polen und Ungarn die Führungen der PVAP bzw. der Ungarischen Sozialistischen Arbeiterpartei (USAP) zu den Gesprächsrunden einluden. Zwischen diesen beiden letztgenannten Gremien und dem Zentralen Runden Tisch der DDR gibt es allerdings noch einen weiteren gravierenden Unterschied. In der DDR begannen die Verhandlungen am Runden Tisch erst, nachdem das Regime fast zusammengebrochen war; in Polen und Ungarn wurden entsprechende Initiativen ergriffen, bevor überhaupt Massenproteste ausbrachen.

Gemeinsam war allen Runden Tischen, dass an ihnen drei wesentliche politische Gruppierungen vertreten waren: erstens die Repräsentanten der bisherigen Machtstrukturen, zweitens die Vertreter der Opposition und drittens die der anderen traditionellen Parteien und Massenorganisationen. In allen Ländern saßen sich demnach Vertreter des alten Systems und Vertreter der bis dahin mehr oder weniger illegalen Opposition gegenüber. Darüber hinaus war die Zusammensetzung der Teilnehmer an den Runden Tischen in den einzelnen Ländern durch ein breites Spektrum an politischen Positionen und Strukturen gekennzeichnet. Bezeichnungen wie „Dreieckstisch" in Ungarn oder „Zweiseitiger Runder Tisch" in Bulgarien sagen etwas über ihre Zusammensetzung aus. Aber auch die Teilnahme der drei Gruppierungen gestaltete sich überaus verschieden. In Bulgarien wie auch in Ungarn saßen Vertreter der Führungen der kommunistischen Parteien am Tisch, in der ČSSR anfangs der Regierungschef, dann der Vertreter der KPČ, in der DDR Vertreter der Sozialistischen Einheitspartei Deutschlands (SED) und später kamen die der Regierung hinzu, in Polen waren Regierung und PVAP von Anbeginn anwesend. In Ungarn beteiligte sich die Regierung nicht an den Verhandlungen. Außerdem waren in allen Ländern die neuen oppositionellen Gruppierungen, Bewegungen und Parteien in unterschiedlichen Formen vertreten: in Polen die Gewerkschaft Solidarność, in der ČSSR zwei heterogene Bürgerbewegungen, in Bulgarien ein Bündnis von Parteien, Organisationen und Bewegungen, dessen Vorsitzender auch der gemeinsame Verhandlungsführer war, in Ungarn ebenfalls ein Bündnis in Gestalt des „Oppositionellen Runden Tisches" und in der DDR die verschiedensten eigenständigen Kräfte.

Die Vereinbarungen an den Runden Tischen folgten in der Regel dem Konsensprinzip. Lediglich in der DDR wurde sowohl nach dem Mehrheits- als auch nach dem Konsensprinzip verfahren. Die Oppositionellen gingen aber auch Kompromisse zugunsten der alten Machthaber ein, weil sie deren tatsächlichen Einfluss überschätzt haben. Was die Ergebnisse der Tätigkeit an den Runden Tischen angeht, so vereint alle

Gremien, dass an ihnen hauptsächlich substantielle Vereinbarungen über ein neues politisches System, weit weniger über die Wirtschaft zustande kamen. Nicht zuletzt wurden die Entwicklungen und Verläufe an allen Runden Tischen auch immer davon beeinflusst, was bis dato – in den anderen Staaten und ggf. an den anderen Tischen – passiert war bzw. was parallel dazu in den anderen Ländern und eventuell an dortigen Runden Tischen geschah. Nach Uwe Thaysen fand an allen Runden Tischen Ostmitteleuropas „Politik unter Vorbehalten und Bedingungen statt, die für entwickelte Demokratien nicht zutreffen, auch nicht hinzunehmen sind". Diese Gremien charakterisieren seiner Meinung nach eher Ausnahmesituationen. Letztendlich hätten sich die Tische als nicht demokratisch gewählte und sich selbst überflüssig machende Übergangsgremien herausgestellt. Zuzustimmen ist ihm jedoch vor allem darin, dass sie sich als Institutionen der Transformation von mehr oder mindergeschlossenen politischen Systemen zu offenen Gesellschaften erwiesen haben. Das steht auch dann noch fest, wenn man in Rechnung stellt, dass manche Kompromisse weniger öffentlich an den Runden Tischen, sondern eher geheim und „in großer Autonomie von den Massen" getroffen worden sind. Der Vergleich der Runden Tische in den ostmitteleuropäischen Staaten lässt jedoch vor allem die auch von diesen Gremien eingeleiteten bzw. forcierten Demokratisierungsprozesse sehr verschiedenartig erscheinen. Das trifft ebenso auf das jeweilige Ergebnis, d. h. auf das daraus erwachsene Maß an Demokratie in den einzelnen Staaten zu.

Mit Sicherheit hatte der Runde Tisch in Polen, der vom 6. Februar bis zum 5. April 1989 tagte, „Modell- und Symbolcharakter für alle osteuropäischen Länder, gleich ob und wie ein Runder Tisch dort in das politische Geschehen eingegriffen hat". Die Themen wurden hier von den beiden Delegationen mit jeweils 14 Mitgliedern an drei Haupttischen (Gewerkschaftstisch, Politischer Tisch, Wirtschaftstisch) und jeweiligen Untertischen (Jugend, Gesundheit, Ökologie, Medien, Bergbau, Bildung etc.) erörtert. Die ursprüngliche Zielrichtung dieses Tisches, dessen Bildung in erster Linie auf einer Initiative des damaligen Ersten Sekretärs der Polnischen Vereinigten Arbeiterpartei (PVAP) und Staatsratsvorsitzenden, Wojciech Jaruzelski, beruhte, bestand nicht im Systemwechsel, sondern im Systemwandel: Solidarność wollte so viel Demokratie wie möglich erreichen, die Regierungsseite einen möglichst geringen Machtverlust bei möglichst hohem Legitimationsgewinn. Am Runden Tisch entfaltete sich jedoch eine innere Dynamik – u. a. in der Einübung demokratischer Verfahrensweisen –, die auch wichtig für den folgenden Systemwechsel wurde.

picture-alliance/dpa

Der Runde Tisch in Polen

Auch inhaltlich enthielten die Gespräche bereits das System verändernde bzw. sprengende Elemente, setzten sie doch mit ihren Erneuerungen auf der systemischen Ebene an: „Mit der Anerkennung des Mehrparteiensystems, des Prinzips freier Wahlen und der parlamentarischen Demokratie, des Gewerkschaftspluralismus, der Unabhängigkeit der Gerichte, der weltanschaulichen Neutralität des Staates und des Erziehungssystems sowie der marktwirtschaftlichen Prinzipien wurden praktisch alle Grundlagen des sozialistischen Systems zur Disposition gestellt." Dennoch führten die Vereinbarungen zunächst zu einem politischen Modell, das „lediglich" einen Übergang zur parlamentarischen Demokratie eröffnete. Es wurden zwar freie Wahlen in Aussicht gestellt, jedoch nur für den neu zu schaffenden Senat. Die Sitzverteilung im Sejm, dem Parlament, blieb vorerst zugunsten der PVAP festgeschrieben. Für die reformorientierten Kräfte in dieser Partei war außerdem bedeutsam, dass sie dem Amt des Staatspräsidenten – besetzt mit Jaruzelski – ein Vetorecht erhalten konnten, das den Verlust der politischen Macht der kommunistischen Partei gewissermaßen kompensierte. Der beschrittene „Mittelweg" drückt alles in allem Vorsicht aus. Denn bei diesen Verhandlungen – im Gegensatz zu den später folgenden in den anderen Ländern – waren sich alle beteiligten Seiten völlig im Unklaren darüber, wie die UdSSR, aber auch die Warschauer-Pakt-Staaten auf die den Gesprächen folgenden maßgeblichen Veränderungen in Polen reagieren würden.

Für Claudia Kundigraber verließ Polen mit dem Runden Tisch die Phase der Liberalisierung und trat in die Phase der Demokratisierung ein. Sie stellt jedoch auch fest, dass die Demokratisierung am Runden Tisch in Polen ausschließlich von oben nach unten eingeleitet worden sei. Eine Nachahmung oder Entsprechung auf lokaler Ebene, die zu einer Demokratisierung von unten hätte führen können, habe es nicht gegeben. Lediglich während der Vorverhandlungen zum Runden Tisch im Warschauer Vorort Magdalenka sei der Vorschlag, lokale Runde Tische zu gründen, begeistert aufgenommen worden. Aber dabei sei es auch geblieben.

In der polnischen Öffentlichkeit ist der „Runde Tisch“ bis heute kein wertneutraler Begriff. Die einen, darunter Teilnehmer von 1989, sehen in ihm ein Modell, das auch in der Demokratie seinen Platz hat oder haben soll. Von den anderen – darunter viele Kritiker der Verhandlungen von 1989 – wird er als Synonym für ein „Gemauschel der Eliten“ gebraucht und als undemokratisches Verfahren abgestempelt. Der Tenor der Kritiker lautet: „Der Runde Tisch war eine Abmachung, die die Eliten von Solidarność und der PZPR [der Polnischen Vereinigten Arbeiterpartei] bei ihren Geheimverhandlungen im Villenvorort Magdalenka aushandelten und die eigentlichen am Runden Tisch waren lediglich eine Show für die Öffentlichkeit und die Journalisten.“ Das „Gemauschel“ bestätige u. a. die Tatsache, dass sich die Kontrahenten nach den Vorverhandlungen in Magdalenka und damit noch vor den eigentlichen Gesprächsrunden bereits in zwei Fragen einig gewesen seien: Zum einen sollte die Solidarność offiziell zugelassen werden. Zum anderen sicherte die Opposition im Gegenzug einen „nicht konfrontativen Ablauf“ der in Aussicht gestellten freien Sejm- und Senatswahlen zu. Keines dieser beiden wichtigen Zugeständnisse wurde sofort öffentlich gemacht – angeblich „aus Rücksicht“ auf die kommunistischen Parteimitglieder und die antikommunistische Basis der Solidarność. Lässt man die informellen Abmachungen außer acht, scheint auch spezifisch zu sein, dass dieser „historische Kompromiss nur in Polen zustande kommen konnte, wo beide Seiten über eine lange Verhandlungs- und Konflikttradition verfügten“. Die Verhandlungen und Ergebnisse des Runden Tisches in Polen als erste ihrer Art bestätigen aber vor allem die herausragende Rolle „politischer Pakte“ im osteuropäischen Transformationsprozess.

Wie bereits beschrieben fand der Runde Tisch Polens Nachahmer in weiteren fünf mittel- und südosteuropäischen Staaten, aber nirgendwo folgte man dem Beispiel, einen Verhandlungstisch in Auftrag zu geben. Die Führer der Volksrepublik Polen erteilten der renommierten Möbelwerkstatt Henryków im Spätsommer 1988 den Auftrag, einen runden Tisch mit 58 dazu gehörigen Stühlen zu fertigen.

Die Runden Tische in der DDR

Wie die Runden Tische 1989/90 in anderen ostmitteleuropäischen Ländern verfolgten auch die Runden Tische in der DDR eine Strategie des Verhandelns mit den alten Machthabern. In der Praxis bedeutete das den Verzicht auf einen schnellen Sturz der alten Eliten und auf die Bildung provisorischer Staatsinstitutionen. Die meisten der Teilnehmer der Runden Tische wollten dazu beitragen, die alten administrativen Strukturen vor dem völligen Zusammenbruch zu bewahren. Auch als den verunsicherten und unentschlossenen Staatsorganen der DDR die Macht aus den Händen zu gleiten drohte, konnten und wollten die Runden Tische – abgesehen von einigen Ausnahmen und der Tätigkeit der Minister und Räte ohne Geschäftsbereich – Entscheidungsbefugnisse im Sinne von Machtausübung nicht übernehmen. Somit ließen es die Runden Tische zu, dass die nach wie vor von SED-Funktionären dominierte staatliche Bürokratie nicht oder nicht vollends entmachtet wurde. Letztendlich unterstützten sie sogar die Stabilisierung der meisten Behörden, die sich nicht nur mit einer Krisensituation, sondern unter der Modrow-Regierung auch mit einer zunehmenden, ungewohnten Eigenständigkeit konfrontiert sahen.

Bildung, Zusammensetzung, Arbeitsweisen, Schwerpunktsetzung in den Aufgaben, Modalitäten der Zusammenarbeit mit den staatlichen Institutionen, aber vor allem unmittelbare Einfluss- und Wirkungsmöglichkeiten ließen die Runden Tische äußerst unterschiedlich erscheinen.

Entstehung

„Vorformen" der Tische wie Bürgerinitiativen, Demonstrationskomitees, Dialog- oder Initiativgruppen, in denen sich Vertreter von Kirchen und Reformgruppen mit den örtlichen Verantwortlichen trafen, um Forderungen zu erheben oder gar Anträge an die Regierung in Berlin zu stellen, gab es bereits seit Oktober 1989.

Aber auch mancher lokale Runde Tisch trat schon vor der ersten Sitzung des Zentralen Gremiums am 7. Dezember 1989 in Berlin zusammen. In Güstrow vereinbarte der Sprecherrat des Neuen Forums mit den Vertretern der bisherigen Macht eine Zusammenarbeit, die bereits am 6. November 1989 zum Treffen an einem Runden Tisch geführt haben soll. Am 20. November kamen das Christliche Friedensseminar Königswalde und die SED-Kreisleitung Werdau überein, Gespräche am Runden Tisch im Kreis zu organisieren. Im sächsischen Lengenfeld fanden sich am 24. November Vertreter der meisten Parteien und Organisationen an einem Stadttisch zusammen, in Meißen am 30. des Monats. Am 5. Dezember tagte der Tisch der Stadt Dessau zum ersten Mal, am Tag darauf der von Wismar. Die 15 Runden Tische der Bezirke kamen regulär erst mit und nach der Konstituierung des Zentralen Runden Tisches zustande, d. h. zwischen dem 7. und 21. Dezember 1989. In Neubrandenburg traf sich die erste Runde, in Rostock die letzte.

Bundesarchiv, Bild 183-1989-1201-042, Jan Peter Kasper

Der Runde Tisch in Jena, 1. Dezember 1989

Bis Januar 1990 gab es schließlich Hunderte dieser Institutionen auf allen staatlichen Ebenen. Nach heutigem Kenntnisstand war das Netz der Runden Tische in den sächsischen und thüringischen Bezirken am dichtesten. Selbst in kleinen und kleinsten Gemeinden – wie beispielsweise in der sächsischen Gemeinde Moritzburg oder in dem thüringischen Bergdorf Meura – bildeten sich Tische, um örtliche Probleme anzugehen. In den Kreisstädten entstanden oft Runde Tische mit einer Doppelfunktion für den jeweiligen Kreis und die Stadt. So etablierte sich z. B. ein Runder Tisch für die Stadt und den Landkreis Rudolstadt. In Dresden existierte die „Gruppe der 20" statt eines Runden Tisches, im katholisch geprägten Wittichenau kontrollierte eine Bürgerinitiative an Stelle eines Runden Tisches den Rat der Stadt.

Darüber hinaus gab es diese Gremien in Betrieben und als thematische Runde Tische. So arbeiteten „Grüne Tische" mit unterschiedlichen Bezeichnungen u. a. in sächsischen Orten wie Borna, Dippoldiswalde, Freiberg, Görlitz und Marienberg. Runde Tische der Jugend sind aus

Altenburg, Bautzen, Borna, Freital, Görlitz, Großenhain, Schwarzenberg und Zwickau bekannt. In Zittau tagte am 30. Januar ein Runder Tisch zum Thema Nationale Volksarmee (NVA). In Bischofswerda gründete sich auf Initiative des Deutschen Turn- und Sportbundes (DTSB) ein Runder Tisch des Sports. In Niesky traf sich im März 1990 erstmals ein Runder Tisch „Arbeitslosigkeit". In Leipzig arbeitete auf Bezirksebene ein Runder Tisch Gesundheitswesen. In Döbeln gab es einen Runden Tisch des Kreises für Fragen der Pädagogik.

ullstein bild, 00152000

Rathausgespräch des Dresdner Oberbürgermeister Wolfgang Berghofer mit der „Gruppe der 20" am 30. Oktober 1989

Die meisten Tische entstanden im Dezember 1989 teilweise spontan und zwar immer dann, wenn sie aus den vielerorts gebildeten Sicherheitspartnerschaften zwischen oppositionellen Gruppierungen und staatlichen Institutionen hervorgingen. Nach der Bildung des Zentralen Runden Tisches, des damit verbundenen Aufrufs der SED zur Etablierung derartiger Gremien vom 23. November und dem Beschluss der Modrow-Regierung vom 21. Dezember, die Runden Tische zu unterstützen, folgte die Gründung der Tische mitunter gelenkt. In diesen Fällen spielten Funktionäre der SED und der staatlichen Institutionen bei der Einberufung der Gremien häufig eine Schlüsselrolle. Doch diese Ansätze für eine „von oben verordnete" Demokratisierung sagen nicht allzu viel über die jeweiligen Ergebnisse sowie den Einfluss der einzelnen Tische auf die Entwicklung und die Demokratisierung in den Kommunen und Regionen aus.

Die Runden Tische bildeten sich auf den einzelnen Ebenen eigenständig und voneinander unabhängig; ein hierarchisches System wurde nicht geschaffen. Sie verfuhren auch nicht nach den Grundsätzen des Rätemodells, nach dem eine in lokalen Basisgruppen organisierte Urwählerschaft ihre Vertreter unmittelbar und von unten wählen konnte. Sie knüpften lediglich an die entsprechenden Verwaltungsebenen an.

Bei der Bildung der Tische in den Städten und Regionen war der Zentrale Runde Tisch allerdings weniger Impulsgeber oder Vorbild als erwartet, sondern eher Impulsverstärker. Das hatte mehrere Gründe: Zum einen agierten die an den Tischen Beteiligten weitgehend eigenständig. Der Mitbegründer des Neuen Forums in Halle, Frank Eigenfeld, formulierte diesen Sachverhalt so: „Der Runde Tisch in Berlin beeindruckte uns in Halle nicht. Es geht jeder Bezirk in eigener Verantwortung seinen Weg." Zum anderen gab es in einigen Kommunen und Regionen bereits vor der Konstituierung des Zentralen Runden Tisches Überlegungen, den „Vorformen" bzw. der Kooperation zwischen Partei- und Staatsapparat und den Bürgergruppen eine institutionalisierte Form zu verschaffen. Außerdem hofften zu diesem Zeitpunkt noch manche Funktionäre von SED und Staatsapparat, durch schnellstmögliche Initiativen bei der Gründung Runder Tische die Macht der Partei und damit die eigene vor Ort oder in der Region erhalten bzw. stabilisieren zu können. Das kann aber nicht allen zugeschrieben werden. Immerhin erläuterten einige der erst zu dieser Zeit in die Ämter gelangten Funktionäre glaubhaft, sich verantwortlich gefühlt zu haben und in erster Linie um die Arbeitsfähigkeit der Institutionen und die Versorgung der Bevölkerung bemüht gewesen zu sein. Mit ihren in den nächsten Monaten folgenden Arbeits- und Kooperationsleistungen stellten sie diese Haltung auch durchaus unter Beweis. Anfänglich nahm eine Vielzahl von Tischen ihre Arbeit in kirchlichen Gebäuden, zumeist in evangelischen Gemeindehäusern, auf. Doch spätestens im Januar 1990 zogen viele Gremien in staatliche bzw. kommunale Verwaltungsgebäude um, weil dort geeignete Räume, die erforderlichen technischen Ausstattungen und nicht zuletzt Verwaltungskräfte zur Verfügung standen.

Initiatoren

Angesichts der Ergebnisse des Runden Tisches in Polen gab es unter DDR-Oppositionellen bereits unmittelbar nach den Wahlfälschungen im Mai 1989 Überlegungen, ein derartiges zentrales Gremium zu schaffen. Bürgerrechtler, u. a. Marianne Birthler, Werner Fischer oder Markus

Meckel, regten im Frühsommer des Jahres wiederholt und unabhängig voneinander an, über Vorschläge für die künftige Etablierung eines Runden Tisches nach polnischem Vorbild nachzudenken. Diese Überlegungen blieben jedoch noch „relativ unausgegoren und profillos". Als eigentliche Initiatorin für den Zentralen Runden Tisch gilt die Bürgerbewegung „Demokratie Jetzt". Zum einen war der maßgebliche Ideengeber und öffentliche Befürworter eines solchen Gremiums, der Theologe und Kirchenhistoriker Wolfgang Ullmann, Mitglied dieser Gruppierung. Zum anderen hatten die Gründer von Demokratie Jetzt schon seit langem Kontakt zur polnischen Solidarność. So kannten und analysierten Ludwig Mehlhorn und Stefan Bickhardt auch deren Konzept des Runden Tisches. Letztendlich war es ihr Vorschlag, etwas Ähnliches in der DDR zu versuchen, der innerhalb von „Demokratie Jetzt" und rasch auch von anderen Bürgerbewegungen aufgegriffen und akzeptiert wurde. Anfang Juli 1989 gelangte schließlich ein Papier von Ludwig Mehlhorn, Hans-Jürgen Fischbeck, Stephan Bickhardt, Wolfgang Ullmann, Konrad Weiß u. a. in Umlauf, in dem sie dazu aufriefen, „autorisierte Gesprächsrunden", d. h. Runde Tische, vorzubereiten.

Aber erst nach den großen Demonstrationen im Herbst und dem damit einhergegangenen Machtverlust der SED-Führung erfuhr die Forderung nach einem Runden Tisch auch öffentliche Zustimmung. Auf einer Zusammenkunft am 4. Oktober 1989 stellten Vertreter mehrerer oppositioneller Gruppierungen erstmals gemeinsam Überlegungen zu einem Runden Tisch an. Die Beteiligten vereinbarten aber vorerst „nur", den Weg für freie Wahlen vorzubereiten und sich in einem Wahlbündnis gegen die alten Machthaber zusammenzuschließen. Aus diesem losen Bündnis entstand schließlich die sogenannte Kontaktgruppe, die vom 30. Oktober bis zum 1. Dezember wöchentlich tagte. Sie wurde vor allem auf Anregung Bickhardts von „Demokratie Jetzt" gebildet und sollte die zahlreichen informellen Kontakte der Berliner Initiativgruppen verbessern. Nach einer schwierigen Anlaufzeit, bei der das Neue Forum keine große Bereitschaft zur Mitarbeit gezeigt hatte, reorganisierte sich die Kontaktgruppe. Auf deren ersten Treffen am 3. November 1989 wurde schließlich wiederholt über den Vorschlag zur Einberufung eines Runden Tisches debattiert.

Innerhalb der Kontaktgruppe votierte die Vereinigte Linke als Einzige für einen eigenen „Runden Tisch der Opposition", von dem aus die Altparteien herausgefordert werden sollten. Bei verschiedenen anderen Bürgerrechtlern stieß die Idee eines Runden Tisches dagegen überhaupt nicht auf Begeisterung. Sie wollten nicht verhandeln, sondern ihre Forderungen an die Herrschenden „über die Straße, über die Presse" stellen. Nach Reinhard Schult war die Teilnahme am Runden Tisch im Neuen

Forum durchaus umstritten gewesen. Er erinnerte sich: „Die Idee des Runden Tisches [...] ist im Landessprecherrat auf überhaupt keine Begeisterung gestoßen. Was soll dieses Gelaber, wir stellen unsere Forderungen über die Straße, über die Presse, was soll dieser Quatsch? Diese ganzen Aktivitäten an Demonstrationen usw., das waren alles Leute, die am spontansten waren, einfach gemacht haben, organisiert haben, während die anderen [...] in erster Linie gerne mitreden wollten. Der Runde Tisch war im Prinzip deren Idee." Während eines Vorbereitungstreffens mit den anderen Neugründungen, darunter Vertreter von „Demokratie Jetzt", habe Schult wiederholt „nur die üblichen Phrasen" gehört. Es seien weder gemeinsame Ziele noch Vorgehensweisen besprochen worden. Demnach beabsichtigten die Vereinigte Linke und ein Teil führender Mitglieder des Neuen Forums, die Machtfrage zu stellen – die einen auf kompromisslos aushandelnde Weise, die anderen mittels Demonstrationen und Protesten der Bevölkerung. In der Kontaktgruppe setzten sich jedoch die Befürworter eines öffentlichen Forums für Verhandlungen mit der SED und den Blockparteien mehrheitlich durch. Die Idee zur Bildung eines Runden Tisches fand seit Anfang November unter immer mehr Oppositionsgruppen Anklang. So schlug das Initiativkomitee der Sozialdemokratischen Partei in der DDR (SDP) am 3. des Monats die Konstituierung eines Tisches vor, am 6. folgte eine öffentliche Forderung des Demokratischen Aufbruchs.

Einen Tag nach dem Mauerfall, am 10. November 1989, verfasste die Kontaktgruppe eine „Gemeinsame Erklärung". In dieser forderte sie, dass sich „angesichts der krisenhaften Situation in unserem Land, die mit den bisherigen Macht- und Verantwortungsstrukturen nicht mehr bewältigt werden kann, [...] Vertreter der Bevölkerung der DDR zu Verhandlungen am Runden Tisch zusammensetzen, um Voraussetzungen für eine Verfassungsreform und für freie Wahlen zu schaffen". Vierzehn Tage später wandte sich die Gruppe mit einem Brief an die Berliner Bischofskonferenz und an den Bund der Evangelischen Kirchen und bat sie, „die zur Einberufung dieses Runden Tisches von uns ausgegangene Initiative an die in der Volkskammer vertretenen Parteien und die unterzeichneten Gruppierungen und Parteien zu übermitteln und die technische Durchführung zu gewährleisten". Doch bereits am 23. November war im SED-Zentralorgan „Neues Deutschland" ein Artikel unter der Überschrift „Anregung der SED" erschienen. Darin versuchte die Parteiführung der Bevölkerung zu suggerieren, das Politbüro des Zentralkomitees der SED verbreite von sich aus den Vorschlag, dass sich die herrschenden Parteien gemeinsam mit anderen politischen Kräften des Landes an einem Runden Tisch zusammenfinden sollten. Die SED-Führung versuchte damit noch im letzten Moment, sich an die Spitze dieser Aktivitäten zu stellen. Es misslang ihr aber; ihrem Zentralorgan glaubte ohnehin fast niemand mehr. Nachdem die Kirchen die Initiative der Kontaktgruppe in einer Pressemeldung begrüßt hatten, war es schließlich – wie von den Oppositionellen gewünscht – der Bund der Evangelischen Kirchen in der DDR, der alle Parteien und Gruppierungen zur ersten Zusammenkunft am 7. Dezember 1989 offiziell einlud.

Initiatoren der Runden Tische der Bezirke waren – entgegen allen Erwartungen – seltener Kirchenvertreter (Berlin, Erfurt, Suhl) oder Mitglieder der neuen Gruppierungen (Halle), sondern eher Funktionäre einer ehemaligen Blockpartei, der CDU (Gera, Potsdam, Schwerin), oder der Bezirksräte (Cottbus, Dresden, Frankfurt, Leipzig, Neubrandenburg, Rostock). Zu diesem Zeitpunkt versuchten nicht wenige lokale und regionale Funktionäre von SED und Staatsapparat, die Gründung dieser Gremien in die eigenen Hände zu nehmen. In vielen Orten und Regionen gingen die Runden Tische allerdings aus den überall stattfindenden Gesprächsrunden bzw. „Sicherheitspartnerschaften" zwischen den alten Herrschaftseliten und den neuen Gruppierungen hervor. Das schloss das Interesse der Funktionäre am Machterhalt vor Ort oder in der Region jedoch nicht zwangsläufig aus, was die unten geschilderten Ereignisse in Leipzig anschaulich dokumentieren. Mitunter gab es sogar noch weiter führende Versuche, Tische zu instrumentalisieren. In Pößneck ging das so weit, dass der zur Runde einladende Rat des Kreises Bedingungen an die Gesprächsteilnahme knüpfte und nur diejenigen zulassen wollte, die sich zum Sozialismus bekannten.

Wie in den Bezirken Magdeburg und Neubrandenburg gab es auch in der Cottbuser Region eine „von oben verordnete", eine gelenkte Demokratisierung. Auf seiner 25. Sitzung am 13. Dezember 1989 bekannte sich der Rat des Bezirkes Cottbus zu einem Runden Tisch und lud Vertreter der Parteien, Gruppierungen und Kirchen ein. Laut Tätigkeitsbericht des Rates hatte es bis dahin im Bezirk bereits „Ansätze zur Herausbildung einer Sicherheitspartnerschaft" gegeben. Ein Beauftragter der Regierung sei gemeinsam mit dem Vorsitzenden des Rates des Bezirkes, dem Chef der Bezirksverwaltung der Polizei, der Staatsanwaltschaft, dem Leiter des Amtes für Nationale Sicherheit „in Sicherheitspartnerschaft" mit den Bürgerbewegungen verbunden gewesen, um die Aufrechterhaltung der öffentlichen Ordnung und Sicherheit zu unterstützen. Diese Zusammenarbeit habe zur Beruhigung der Situation geführt und gemeinsames Handeln gestattet, z. B. bei der Auflösung der Kreisämter für Nationale Sicherheit. Am 13. Dezember begannen ebenfalls Besprechungen zwischen dem Vorsitzenden des Rates des Bezirkes und seinem Stellvertreter einerseits und Vertretern der Kirchen und Bürgergruppen wie dem Neuen Forum und der Umweltgruppe Cottbus andererseits.

Alle Gespräche, z. B. über die „Art der Wahlen", seien von dem Willen getragen gewesen, „einen gemeinsamen Konsens für das Wirken zur Erneuerung der Gesellschaft zu finden".

Sechs Tage darauf trat der Runde Tisch des Bezirkes Cottbus zu seiner ersten Beratung zusammen. Zu Beginn der Zusammenkunft erläuterte der Vorsitzende des Rates des Bezirkes, Peter Siegesmund, das Anliegen der Gespräche am Runden Tisch, welches in der Schaffung von Möglichkeiten für eine demokratische Mitarbeit und im demokratischen Miteinander aller politischen Kräfte am gesamten Gesellschaftsleben im Bezirk bestehen würde. Siegesmund äußerte sich dann zu den wichtigsten Problemen und Aufgaben: die Vorbereitung des Planes 1990, die Sicherung aller Versorgungsprozesse für die Bevölkerung, die Aufrechterhaltung aller Beförderungsleistungen, aller Leistungen des Gesundheits- und Sozialwesens für die Bürger, die Energie- und Kohleversorgung, die wohnungspolitische Aufgabenstellung, der Umwelt- und Naturschutz, die Rückführung der in Berlin eingesetzten Baukapazitäten, die Tätigkeit des Amtes für Arbeit, das neue Wahlgesetz, das Parteiengesetz und die sich vollziehende Verwaltungs- und Wirtschaftsreform. Daran anknüpfend unterbreitete Siegesmund dem Runden Tisch Vorschläge, über die dieser befinden sollte. Seiner Ansicht nach ging es in den folgenden Wochen darum, die wichtigsten Aufgaben zur Sicherung des gesellschaftlichen Lebens ausführlich und mit großer Kontinuität und Effektivität am Runden Tisch zu beraten. Dazu sei es erforderlich, dass alle Parteien, Organisationen, politischen Gruppierungen, Kirchen usw. ihre Erfahrungen, Ideen und Vorschläge einbringen. Für seine Beratungen würde der Rat des Bezirkes dem Runden Tisch einen Beratungsraum einschließlich einer technischen Anlage zur Verfügung stellen. Auf Wunsch könne auch die Protokollführung vom Rat des Bezirkes übernommen werden. Außerdem müsse Einigung darüber erzielt werden, wer die technisch-organisatorischen Aufgaben wie das Verfassen der Einladungen, die Organisation zwischenzeitlicher Zusammenkünfte und das Schreiben der Protokolle sowie nicht zuletzt die Gesprächsleitung übernimmt. Darüber hinaus habe Siegesmund den Räten der Kreise die Empfehlung gegeben, ebenfalls Runde Tische „in ihre Tätigkeit einzuordnen". Die Atmosphäre am Bezirkstisch von Cottbus war von Anfang an „ganz anders angespannt" als in vergleichbaren Gremien, „waren doch der Vorsitzende des Rates des Bezirkes und sein sehr einflussreicher Stellvertreter für Inneres bis in den Frühsommer 1990 hinein dieselben wie im Mai 1989".

Die neuen Kräfte überließen demnach mitunter die Bildung der Tische den alten Machthabern. Nur selten setzen sie sich wie in Erfurt oder Leipzig dagegen zur Wehr. Dabei muss jedoch berücksichtigt werden, dass es sich beim Cottbuser Initiator um den Bezirksratsvorsitzenden, beim Leipziger und Erfurter jeweils um den Vorsitzenden der SED-Bezirksleitung handelte. Die „Leipziger Volkszeitung" (LVZ), das Presseorgan der SED-Bezirksleitung Leipzig, informierte die Bevölkerung am 2. Dezember 1989 über ein erstmaliges Zusammentreffen am Runden Tisch des Bezirkes. Laut Pressebericht hatten sich am Vortag 50 Vertreter von Parteien wie der Christlich Demokratische Union Deutschlands (CDU), Liberaldemokratische Partei Deutschlands (LDPD), SED, SDP sowie der neuen Gruppierungen Neues Forum, Demokratischer Aufbruch, Initiative „Freie Pädagogen" in Räumen der Karl-Marx-Universität getroffen. Hinzu kamen Vertreter des Rates des Bezirkes, der Gewerkschaft und der Kirchen. Zu dieser Besprechung hatten – so Superintendent Friedrich Magirius, einer der späteren Moderatoren – SED-Funktionäre eingeladen. Im Anschluss an das Gespräch gaben Roland Wötzel, der neu gewählte Erste Sekretär der SED-Bezirksleitung Leipzig, und einer seiner Sekretäre, Jochen Pommert, eine Erklärung ab, die nachweislich bereits am 30. November, d. h. vor dem o. g. Treffen als Pressemitteilung der SED-Bezirksleitung Leipzig vorbereitet und verfasst worden war. Sie erschien am 2. Dezember zwar stark verkürzt, aber immerhin auf der Titelseite der LVZ unter der Überschrift „Erstmals ‚Runder Tisch' – Fortsetzung folgt". Darin heißt es: „Die erste Zusammenkunft war bewogen von gemeinsamer Verantwortung für eine demokratische, freiheitliche Entwicklung in der DDR, für die konsequente und grundlegende Erneuerung des Sozialismus in unserem Lande auf antifaschistisch-demokratischer Grundlage. Konstruktiv und sachlich, aber auch streitbar und konträr wurde über die gegenwärtige Situation in unserem Bezirk und ihre Ursachen diskutiert, wurde über sofort zu lösende Aufgaben und die perspektivische Entwicklung des Bezirkes, besonders der Stadt Leipzig gesprochen. Mit Sorge äußerten sich die Teilnehmer über wachsende Tendenzen von Rechtsradikalismus, Neofaschismus, Ausländerfeindlichkeit und Wiedervereinigungsträumen, wie sie sich neuerdings in der Montagsdemonstration vom 27.11. äußerten."

Die eigenmächtige Veröffentlichung dieses Textes, der niemals eine Mehrheit unter den Beteiligten der Beratungen am 1. Dezember gefunden hätte, führte zu Kontroversen zwischen den neuen Parteien und Gruppierungen einerseits und der SED andererseits. Am 6. Dezember musste die LVZ eine Erklärung aller anderen am Zusammentreffen beteiligten unabhängigen Gruppen abdrucken. Unter dem Titel „Runder Tisch – noch sehr eckig!" stand zu lesen, dass das Vorbereitungsgespräch zum ersten Runden Tisch in Leipzig sehr kontrovers verlaufen sei. Die SED-Funktionäre seien nur zögernd bereit gewesen, grundlegende Ansprüche der unabhängigen demokratischen Gruppen zu akzeptieren. Als diese auf ihren Forderungen nach zentralen Arbeitsräumen, eigenverantwortlichem Medienzugang und Erteilung von Druck- und Vervielfältigungsrechten bestanden hätten, habe das Gespräch sogar zu scheitern gedroht. Für Themen wie die „Einsetzung von Untersuchungsausschüssen zu den Ereignissen am 7./9. Oktober, zur Überprüfung der Privilegien von Funktionären und von Amtsmissbrauch sowie zur Feststellung des Wahlbetrugs" habe die SED keinerlei Gesprächsbereitschaft gezeigt. Insgesamt seien zwar Teilergebnisse erzielt, aber viel zu viel Diskussionszeit dafür verbraucht worden. Die Vertreter der unabhängigen demokratischen Gruppen hätten deshalb den Eindruck gewonnen, „dass es der SED einzig darauf ankommt, sich durch unabhängige demokratische Gruppen zu legitimieren, um Zeit zu gewinnen, ihre Sozialismusvorstellungen wieder durchzusetzen".

Zwei Tage darauf gab der Rat des Bezirkes Leipzig in einem Schreiben an ausgewählte Parteien und Gruppierungen zu, dass er nicht mehr in der Lage sei, das öffentliche Leben aufrecht zu erhalten, und lud sie zu einem „Vorbereitungsgespräch" am 12. Dezember ein. Auf dieser Sitzung wolle man „gemeinsam Aktivitäten zur Aufrechterhaltung von Ordnung, Versorgung und Betreuung der Bürger des Bezirkes" und Möglichkeiten „engster Zusammenarbeit" beraten. Diese Gesprächsrunde dürfte jedoch lediglich der Klärung von Positionsfragen gedient haben. Denn an das Zustandekommen eines Gespräches am Runden Tisch knüpften die Leipziger Gruppierungen nach wie vor Forderungen. Dabei ging es ihnen u. a. um die Auflistung der Gebäude im Bezirk, die sich in SED-Besitz befanden, um Transparenz, was die Parteibetriebe betraf, um Mediennutzung, Installation von Telefonanschlüssen und nicht zuletzt um den Zugang zu den Strafvollzugseinrichtungen, ihren Arbeitsstätten und medizinischen Einrichtungen zum Zwecke der Besichtigung. Als erste zu bearbeitende Themen schlugen sie wiederholt Untersuchungen zur Wahlfälschung, zu den Ereignissen vom 2. bis 9. Oktober 1989 und den Privilegien von Parteifunktionären vor. Darüber hinaus forderten sie, eine paritätische Besetzung am Runden Tisch zu garantieren und die Teilnahme zweier kirchlicher Persönlichkeiten mit Vorschlags-, Rede- und Antragsrecht zu gewährleisten. Offensichtlich konnte man sich entgegenkommen, denn am 19. Dezember 1989 kam ein erstes Gespräch am Runden Tisch zustande. Sowohl das zugehörige Protokoll als auch der darin dokumentierte Ablauf weisen dieses Treffen eindeutig als erste Sitzung, konkret als Vorbereitungsversammlung für einen Runden Tisch aus.

Anders als in Leipzig verhinderte im Bezirk Erfurt eine Einladung von Kirchenvertretern, dass die SED-Bezirksleitung die Initiative zu ihren Gunsten an sich riss. Ende November/Anfang Dezember 1989 wurden auch hier Forderungen erhoben, ein derartiges Konsultativ- und

Kontrollgremium zu gründen. So lud Herbert Kroker, der Erste Sekretär der SED-Bezirksleitung, am 5. Dezember 1989 „alle konstruktiven politischen Kräfte zum politischen Dialog“ ein. Orientiert an der geplanten Zusammensetzung des Zentralen Runden Tisches in Berlin wandte er sich mit einem Schreiben an die fünf Blockparteien, die Bürgerinneninitiative „Frauen für Veränderung“, den Demokratischen Aufbruch, das Neue Forum, die SDP, die Evangelisch-Lutherische Landeskirche in Thüringen, die Evangelischen Kirche der Kirchenprovinz Sachsen und an das katholische Bischöfliche Amt Erfurt-Meiningen. Darin bat er sie, Vertreter zu einem Treffen am 8. Dezember im Rat des Bezirkes zu entsenden. Doch Krokers Vorschlag wurde nicht ohne Skepsis aufgenommen.

Ungefähr zeitgleich ging bei Propst Heino Falcke ein Anruf des Landesbischofs, Werner Leich, ein. Dieser berichtete Falcke von Aktivitäten des Sekretariats des Bundes der Evangelischen Kirchen, insbesondere von dessen Leiter, Oberkirchenrat Martin Ziegler, der am Zentralen Runden Tisch moderieren sollte. Ziegler habe angeregt, auch auf Bezirksebene Runde Tische zu etablieren. In diesem Zusammenhang bat der Bischof den Propst, die Bildung eines Runden Tisches für den Bezirk Erfurt in die Hand zu nehmen. Falcke verständigte daraufhin den Generalvikar der katholischen Kirche und seinen Amtskollegen in Weimar, Oberkirchenrat Schäfer.

Folgerichtig einigten sich Landesbischof Werner Leich, Propst Falcke und der katholische Bischof Joachim Wanke am 6. Dezember 1989 darauf, die Einladung des Ersten Sekretärs der SED-Bezirksleitung abzulehnen und eine eigene Einladung sowohl an die neuen Parteien und Gruppierungen als auch an die etablierten Parteien zu übermitteln. Im Auftrag der Kirchen lud Falcke alle von Kroker bereits kontaktierten Parteien und Gruppierungen und darüber hinaus die SED und die Jüdische Landesgemeinde zum ersten Gespräch am Runden Tisch für den 13. Dezember 1989 in das Augustinerkloster ein. Sein Vorgehen begründete er in Abstimmung mit den Bischöfen Leich und Wanke in einem Schreiben an Kroker folgendermaßen: „Eine Einladung der SED in den Rat des Bezirkes scheint uns der veränderten politischen Situation nicht zu entsprechen und für die Aufgaben des Rundtischgespräches nicht günstig zu sein. Wir schlagen daher vor, den Gepflogenheiten des Rundtischgespräches in Berlin am 7. Dezember zu folgen.“

Im Bezirk Halle waren es ebenfalls Kirchenvertreter, die – analog zur Vorgehensweise in Berlin – Einladungen zu einer ersten Gesprächsrunde verschickten. Die Idee zur Gründung der Tische für den Bezirk und für die Stadt Halle kam allerdings – wie für den Zentralen Runden Tisch auch – von den Bürgerbewegungen bzw. den neu entstandenen politischen Gruppierungen, hier im Zusammenschluss des sogenannten

Reformhauses. Auf ihre Initiative hin baten Superintendent Günter Buchenau, der evangelische Probst Karl Abel und der katholische Dechant Claus Herold gemeinsam Vertreter der Parteien, der politischen Gruppen und Bewegungen zur Konstituierung des Runden Tisches des Bezirkes am 12. Dezember 1989. Später gab es, so einer der Moderatoren, Peter Willms, noch eine zunächst durch einen Zeitungsaufruf ausgesprochene Einladung der SED, die aber offenbar ignoriert wurde. Die Modalitäten vor und während der Gründung der Tische sagen letztendlich noch nicht allzu viel über den zukünftigen Verlauf und die Effizienz der Gespräche, die sich entwickelnden Konstellationen am Tisch und vor allem über die Ergebnisse sowie den Einfluss der einzelnen Tische auf die Entwicklung und die Demokratisierung in der Region aus. Fest steht jedoch, dass die Einladenden bzw. Gastgeber über die Zusammensetzung der ersten Tischrunden entschieden.

Zusammensetzung

Am 7. Dezember 1989 trafen sich am Zentralen Runden Tisch der DDR 15 Repräsentanten von sieben Oppositionsgruppen (SDP, Demokratischer Aufbruch, Demokratie Jetzt, Initiative Frieden und Menschenrechte, Neues Forum, Grüne Partei, Vereinigte Linke) mit ebenso vielen Vertretern der SED und der vier Blockparteien aus dem wenige Tage zuvor aufgelösten „Demokratischen Block" (CDU, LDPD, Nationaldemokratische Partei Deutschlands [NDPD], Demokratische Bauernpartei Deutschlands [DBD]). Nachdem bis zur zweiten Sitzung der Unabhängige Frauenverband und die Grüne Liga sowie der Freie Deutsche Gewerkschaftsbund (FDGB) und die Vereinigung der gegenseitigen Bauernhilfe (VdgB) Stimmrechte erhielten, erhöhte sich die Stimmenzahl beider „Lager" auf jeweils 19. Diese neue, bis zum Schluss beibehaltene Formation schwächte die Oppositionellen jedoch deutlich.

Aufgrund des ursprünglichen Zieles, das Machtmonopol der SED zu brechen, entschieden sich die Oppositionsgruppen für eine Zusammensetzung am Zentralen Runden Tisch, bei der die neuen Gruppierungen nicht etwa – wie in Polen – der Regierung, sondern den alten Parteien gegenübersaßen. Allerdings hatte sich in den Wochen, während derer die Kontaktgruppe die Einberufung des Runden Tisches vorbereitete, ein dramatisch beschleunigter Zerfall der SED vollzogen. Damit einher ging eine Verschiebung des Machtzentrums von der Staatspartei zur Regierung. Für diese Mächtigen war ursprünglich am Runden Tisch kein Platz vorgesehen. Seit dem 22. Dezember erschienen zwar auch Regie-

Bundesarchiv, Bild 183-1990-0103-013, Peer Grimm

Der Zentrale Runde Tische am 3. Januar 1990

rungsvertreter am Tisch, allerdings nur um bei der Behandlung über die ihren Bereichen zuzuordnenden Sachprobleme Auskunft zu erteilen. Der Vorsitzende des Ministerrates, Hans Modrow, dagegen akzeptierte den Zentralen Runden Tisch erst nach den Auseinandersetzungen im Januar 1990 endgültig als maßgeblichen politischen Faktor.

Außerdem saß das Ministerium für Staatssicherheit (MfS) mit am Tisch. Mindestens 15 Teilnehmer, darunter prominente Vertreter ihrer Gruppierungen bzw. Parteien, hatten vor dem Herbst 1989 für das MfS gearbeitet. Ohne Zweifel konnten diese Kontakte zur Zeit des Runden Tisches nicht mehr von der Staatsicherheit genutzt werden. Dass sich diese ehemaligen Verbindungen auf deren Abstimmungsverhalten auswirkten, wenn es um das Thema „Auflösung der Staatssicherheit" ging, sollte zumindest in Betracht gezogen werden.

In Hinblick auf die Zusammensetzung nach Parteien und Gruppierungen unterschieden sich die Tische, darunter die 15 Bezirkstische, grundsätzlich voneinander. Damit war das gesellschaftliche Gewicht der vertretenen Gruppen quantitativ wie qualitativ sehr unterschiedlich. Gemeinsam ist allen Tischen, dass die jeweiligen Akteure Zusammensetzung und Umfang selbst aushandelten. Unterstützt wurden sie dabei von Theologen, die aus ihrer Arbeit als Synodale über parlamentarische Erfahrungen verfügten. An den meisten Tischen war man um Ausgewogenheit bemüht – SED/PDS und die Blockparteien sollten keine Stimmenmehrheit besitzen. Eine weitere Gemeinsamkeit, die alle Tische aufwiesen, war, dass sie folgende Grundposition zur Teilnahmeberechtigung beschlossen bzw. nach außen vertraten: „Eine Partei, die aus Programm oder Aktionen erkennen lässt, dass sie chauvinistische, rassistische, terroristische oder andere menschenverachtende Ziele verfolgt, wird zur Teilnahme am Runden Tisch nicht zugelassen bzw. von der Teilnahme ausgeschlossen."

Im Gegensatz zum Zentralen Runden Tisch waren die staatlichen Verantwortlichen an den regionalen Gremien zumeist von Anfang an anwesend. Einige initiierten, wie bereits beschrieben, die Tische; vereinzelt – wie in Erfurt und Dresden – verfügten Vertreter der Räte der Bezirke sogar über Stimmrechte. An den Sitzungen nahmen darüber hinaus die Regierungsbeauftragten zur Auflösung der Staatssicherheit der Modrow-Regierung teil – allerdings mit unterschiedlichem Engagement und verschiedenen Ambitionen. So hat z. B. der Bezirksbeauftragte in Frankfurt/Oder, Grajcarek, nach dem Eindruck des dortigen Moderators, Leopold Esselbach, die Vernichtung vieler Aktenbestände des MfS geduldet, vermutlich gefördert, wenn nicht sogar veranlasst. Zuletzt traten den Tischen einige von der Regierung de Maizière entsandte Bevollmächtigte bei, die mit in die Verantwortung für die Bezirksverwaltungen eingebunden waren, bis diese sich auflösten. Auch diese Bevollmächtigten zeigten sich den jeweiligen Runden Tischen gegenüber unterschiedlich aufgeschlossen.

Aus verschiedenen, nicht immer nachvollziehbaren Gründen wurde in allen Gremien neu bzw. später hinzukommenden Gruppierungen eine Mitarbeit erlaubt oder verweigert. Für die Arbeit in den Gremien hatten zudem alle Beteiligten kein anderes Mandat als das der Gruppe oder Partei, die sie vertraten. Voraussetzung für ihr dortiges Wirken war keine durch demokratische Wahlen begründete Legitimierung, sondern allein die Akzeptanz der Bevölkerung, die damit auch begann, politische Verantwortung an politische Eliten zu delegieren.

Darüber hinaus wichen alle 15 Runden Tische der Bezirke neben ihrer Zusammensetzung auch bei der Vergabe von Stimmrechten, deren Anzahl, bei den Beobachtungs-, Beratungs-, Rede- und Antragsrechten und beim Beachten einer gewissen Parität voneinander ab. So war beispielsweise am Erfurter Gremium von den Kirchen in der Einladung nicht auf eine paritätische Verteilung der Sitze zwischen etablierten und neuen Kräften geachtet worden. Stimmrecht erhielten während der 1. Sitzung des Runden Tisches am 13. Dezember 1989 die Bürgerinitiative „Frauen für Veränderung", der Demokratische Aufbruch, das Neue Forum, die SDP von den neuen Gruppierungen und Parteien sowie CDU, DBD, LDPD, NDPD und SED als etablierte Parteien. Den Status stimmberechtigter

Teilnehmer gestand das Gremium nach der ersten Sitzung noch der Grünen Partei und der ab dem 19. Dezember als thüringische Regionalgruppe präsenten Vereinigten Linken zu. Abgesehen von der Personalunion dreier Teilnehmer existierte hier weder eine feste Verbindung des Bürgerkomitees zum Runden Tisch des Bezirkes noch eine Unterordnung. Es gab einen Konsens und Zusammenarbeit bei Fragen, welche die Auflösung des Ministeriums für Staatssicherheit (MfS)/des Amtes für Nationale Sicherheit (AfNS) betrafen. Ansonsten arbeitete das Bürgerkomitee sehr eigenständig. Verbindungen zum Runden Tisch waren hier – im Gegensatz z. B. zu Leipzig oder Neubrandenburg – weniger institutionalisiert, sondern gingen auf persönliche Beziehungen zurück.

Auf seiner Sitzung am 14. Februar 1990 beschloss der Runde Tisch des Bezirkes Erfurt zudem mehrheitlich bei acht Enthaltungen, dass auch der Vertreter des Rates des Bezirkes stimmberechtigt teilnimmt. Hierbei handelte es sich um eine Entscheidung, die an sehr wenigen Runden Tischen getroffen wurde. Diese dauerhafte Vollmitgliedschaft wurde Horst Lange zugestanden, der nach dem plötzlichen Tod Arthur Swateks den Ratsvorsitz amtierend inne hatte und als pragmatisch und reformwillig galt. Seit dem 7. März nahm außerdem ein Vertreter der Jüdischen Landesgemeinde als stimmberechtigter Teilnehmer am Tisch Platz.

Kein Stimmrecht am Runden Tisch des Bezirkes Erfurt, sondern Beobachterstatus wurde den Vertretern von FDGB, VdgB und vom Demokratischen Frauenbund Deutschlands (DFD) zugewiesen, die ebenfalls zur konstituierenden Sitzung erschienen waren und gleichberechtigte Teilnahme forderten. Zunächst fügten sich die Massenorganisationen diesem Votum, später versuchten sie eine Revision dieser Entscheidung zu erwirken. Ihre Versuche blieben jedoch erfolglos. Auf den darauf folgenden Sitzungen wurden VdgB, FDGB, Konsumgenossenschaften und die Nationale Volksarmee (NVA) schließlich als Berater anerkannt. DFD, Kulturbund, Kammer der Technik, Urania und der Verband Bildender Künstler mussten sich dagegen (weiterhin) mit dem Beobachterstatus begnügen. Bis zur Volkskammerwahl im März 1990 war darüber hinaus regelmäßig der Sonderbevollmächtigte der Regierung Modrow für den Bezirk Erfurt, Bernhard Schenk, anwesend. Kirchenrechtlich fiel der Bezirk Erfurt in die Zuständigkeitsbereiche der Kirchenprovinz Sachsen und der Evangelisch-Lutherischen Kirche in Thüringen. Deshalb stellten die protestantischen Kirchen gleich vier Delegierte. Zusammen mit den beiden Abgesandten des katholischen Bischofs nahmen somit sechs Kirchenvertreter an den Rundtischgesprächen regelmäßig als Moderatoren und mit Stimmrecht teil.

Am Runden Tisch des Bezirkes Dresden wurde dagegen zu Beginn ein Statut beschlossen, in welchem u. a. auch die Zusammensetzung des Gremiums festgeschrieben wurde. Diesen Beteiligten erschien es – im Gegensatz zu den Erfurtern – wichtig, dass sich der Tisch paritätisch aus den Vertretern etablierter Parteien sowie basisdemokratischer Gruppen durch Mehrheitsbeschluss bildete. Er bestand aus sieben Vertretern basisdemokratischer Gruppen bzw. Parteien sowie fünf Vertretern der etablierten Parteien, einem Vertreter des Rates des Bezirkes sowie der Domowina und aus je zwei Vertretern der Wirtschaft und der Kirchen. Eine Erweiterung dieses Mandatskreises konnte nur durch eine Zweidrittelmehrheit beschlossen werden, wobei die paritätische Zusammensetzung erhalten bleiben musste. Die Möglichkeit der Teilnahme am Runden Tisch gewährte man darüber hinaus Beobachtern oder Vortragenden von Sachproblemen. Auch dazu bedurfte es eines Mehrheitsbeschlusses. Auf der ersten Sitzung des Runden Tisches für den Bezirk Dresden am 15. Dezember 1989 erhielten neue und alte Parteien je eine Stimme, nur das Neue Forum bekam drei Stimmen. Stimmberechtigt waren auch der Vorsitzende des Rates des Bezirkes sowie je ein willkürlich ausgesuchter Vertreter der Wirtschaft und des Handwerks, gewissermaßen als ständische Abgeordnete. Als Moderatoren wirkten, hier offensichtlich dem Beispiel des Zentralen Runden Tisches in Berlin weitgehend folgend, je ein Vertreter der katholischen und der evangelischen Kirche.

Die Teilnehmer des Runden Tisches des Bezirkes Gera erlegten sich dagegen bei der Anzahl ihrer Mitarbeiter offenbar gar keine Begrenzung auf. In diesem Gremium waren häufig 16, zuweilen auch über 20 Parteien, Gruppierungen und der Rat des Bezirkes Gera vertreten. Hinzu kam der Regierungsbeauftragte des Ministerrates Norbert Kobus. Mehr oder weniger durchgängig anwesend waren CDU, der Demokratische Aufbruch (DA), DBD, DFD, FDGB, Kulturbund, LDPD/LDP, NDPD, Neues Forum, SDP/SPD, SED/Partei des Demokratischen Sozialismus (PDS), VdgB und die Volkssolidarität. Ab der 4. Sitzung entsandten die einzelnen Parteien und Gruppierungen jeweils einen Teilnehmer mit beschließender Stimme an den Tisch. Bei Diskussionen über wichtige Sachthemen konnte jeder einen zweiten Vertreter hinzuziehen, der allerdings über kein Stimmrecht verfügte. Letztendlich verfügte die SED/PDS mit den Stimmrechten der Vertreter von Gewerkschaft, Konsum, Volkssolidarität und DFD über ein deutliches „Altkadergewicht“.

Auch am Runden Tisch des Bezirkes Magdeburg saß eine fast unüberschaubare Menge an beteiligten Parteien und Gruppierungen. Teilnehmer mit Stimmrecht waren CDU, DBD, DFD, Demokratischer Aufbruch, Demokratie Jetzt, Evangelische Kirche, FDGB, die Freie Deutsche Jugend (FDJ), Grüne Liga, Grüne Partei, Initiative Frieden und Menschenrechte, Jüdische Gemeinde, Katholische Kirche, Kulturbund der DDR, LDPD, Neues Forum, NDPD, SDP, SED/PDS, Fraueninitiative Magdeburg und der Rat des Bezirkes. Neben diesen 20 Gruppierungen und Parteien waren ohne Stimmrecht die Initiative Homosexualität, die Autonomen Frauen, die Nationale Front und Greenpeace anwesend. Aufgrund einer Abstimmung zählten hier die VdgB und der Verband der Journalisten überhaupt nicht zum Runden Tisch.

Die Teilnehmer der ersten Tischrunden entschieden demnach recht willkürlich darüber, welche Parteien oder Gruppen außer ihnen noch stimmberechtigt, beratend oder beobachtend an den Tischen Platz nehmen durften. Die Zusammensetzung war aber auch deswegen willkürlich, weil sich Parteien im Verlaufe der Zeit nach Belieben zurückzogen. Ein einheitliches Muster der Zulassung und Zusammensetzung ist jedenfalls nicht erkennbar. Von einem demokratischen Wahl- oder Delegierungsverfahren durch die Parteien und Gruppierungen kann auch nicht durchgängig die Rede sein. Ausgangspunkt für diese durchaus kritisch zu betrachtende Situation war weniger die Intention, einem basisdemokratischen Modell zu folgen, sondern eher die Überzeugung, die Runden Tische vorrangig als Verständigungs- und nicht als Leitungsgremien zu verstehen. Daraus ergaben sich jedoch Probleme mit der Legitimation der Tische. Sie wurden zwar anerkannt, aber nur, weil die Funktionäre der staatlichen Institutionen deren Mitarbeit für die eigene Legitimation benötigten. Außerdem konnten sich die Runden Tische zum Zeitpunkt ihrer Gründung auf den Rückhalt in großen Teilen der Bevölkerung stützen. Es waren vor allem die Massendemonstrationen und -proteste, die ihre Position und Einflussnahme ermöglichten und stärkten. Die fehlende demokratische Legitimation erwies sich jedoch bei der Einflussnahme der Runden Tische auf Entscheidungen der Administration als grundsätzliches Problem.

Wie den Moderatoren Franz-Peter Spiza aus Schwerin und Peter Willms aus Halle fiel Götz Kreuzer am Runden Tisch des Bezirkes Rostock ein weiteres Dilemma auf: „Dann folgte das nächste Problem. Dass die Vertreter der Parteien, die am Runden Tisch saßen, häufig wechselten. Es war ein ständiges Kommen und Gehen. Außerdem wechselten viele die Parteien. So konnte man nicht jedes Mal fragen: Wer sind sie denn überhaupt? Welche Legitimation haben Sie denn überhaupt? Da musste man wissen, dass diese neue Partei oder Gruppierung auch tatsächlich etwas an diesem Runden Tisch zu suchen hatte.“ Vor allem die neuen Gruppierungen am Runden Tisch des Bezirkes Potsdam schickten häufig wechselnde Vertreter, „von denen einer nicht wusste, was der andere begonnen hatte“. Frank Rothmann, einer der beiden Moderatoren, erinnerte sich aber auch daran, dass die Motivation der einzelnen Mitglieder am Runden Tisch bald deutlich geworden sei: „Ging es einigen lediglich um eine möglichst vollständige und rigorose Abrechnung mit der Vergangenheit, waren andere stärker an einer sachlich orientierten Zukunftsarbeit interessiert. Und auch die Profilierungswünsche einiger nach Macht strebender Mitglieder waren bereits deutlich erkennbar."

Es stellte sich aber schnell heraus, dass die (paritätische) Zusammensetzung für die zu treffenden Entscheidungen weniger relevant als erwartet war. So verlor die Trennlinie zwischen „alt" und „neu", empfand Werner Krätschell vom Berliner Stadttisch, im Laufe der Zeit immer mehr an Bedeutung; Mehrheiten bzw. Minderheiten hätten sich oft aus Stimmen beider Lager zusammengesetzt. Er erinnerte sich folgendermaßen daran: „Je länger es dauerte, umso mehr mischten sich die feindlichen Seiten und es passierte durchaus, dass die Bürgerbewegten zur einen Hälfte mit der anderen Hälfte der ‚Mafia' zusammen stimmte und umgekehrt. Je länger, umso mehr gab auch die Vernünftigkeit den Ausschlag für eine zur Entscheidung anstehende Angelegenheit. Dabei handelte es sich um das Zurückstellen von ideologischen Gesichtspunkten, wobei ich das nicht nur auf die alten DDR-Kader beziehe, sondern es gab auch auf der Seite der neuen Kräfte ideologieähnliche Verhärtungen." Das nahm Katrin Rohnstock, die den Unabhängigen Frauenverband an diesen Tisch vertrat, aus der Perspektive einer Vertreterin der „Neuen" ähnlich wahr: „Dass ich mit den etablierten alten Kräften an einem Tisch gesessen habe, war überhaupt nicht das Problem. Ich fand damals sogar, dass sich die Fronten, die wir in unserem Kopf imaginiert hatten, nicht bewahrheitet haben. In den Sachfragen haben sich ganz neue Konstellationen aufgetan. Das war aber immer und vor allem von der jeweiligen Person abhängig. Ich erinnere mich an einen Mann, den ich für einen ‚Betonkopf' gehalten habe, der aber so ein kluger und durchdachter Mensch war. Zu Sachfragen haben sich immer neue Konstellationen gebildet." Dabei spielte auch eine große Rolle, dass sich vor allem die politische Positionierung der ehemaligen Blockparteien rasant veränderte.

Andererseits ging es in den Debatten in erster Linie um eine gemeinsame Konsensfindung. Das bedeutete, dass die Teilnehmer so lange diskutierten, bis alle oder die meisten den jeweiligen Beschlüssen zustimmen konnten. Ehrhard Kretschmann, Vertreter der evangelischen Kirche am Runden Tisch des Bezirkes Suhl, sagte im Interview dazu: „Ich habe aber nicht den Eindruck gehabt, dass wir je bei irgendwelchen Entscheidungen um Mehrheiten kämpfen mussten, sondern wir haben eigentlich die Entscheidungen immer einstimmig getroffen. Wir sind zu einem gemeinsamen Ergebnis gekommen. [...] Das ist auch das Besondere eines Runden Tisches. Der Tisch sollte nicht etwa der Abklatsch eines Parlaments sein, wo es um Mehrheiten geht. Sondern wir haben so lange miteinander geredet, bis wir eine Entscheidung treffen konnten, der alle zustimmen konnten."

Nach den Volkskammerwahlen am 18. März 1990 erhielt eine Reihe von Bezirkstischen eine dem Wahlergebnis angepasste Zusammensetzung. Damit habe man u. a. am Dresdner Tisch – so Arnold Vaatz – eine „Analogsituation der legitimen Situation" geschaffen. Im Frankfurter Gremium bekamen beispielsweise alle Gruppierungen, die sich an der Wahl beteiligt hatten, Stimmrecht. Parteien mit mehr als 10.000 Stimmen erhielten am Runden Tisch zwei Stimmen, die übrigen je eine. Allerdings erschien die CDU zur 7. Tagung am 3. April bereits nicht mehr, die SPD nicht mehr zur 8. Tagung und der Demokratische Aufbruch teilte nach dieser Sitzung mit, dass er dem Gremium in Zukunft fernbleiben wolle. All diese Veränderungen prägten jedoch auch die Arbeitsweise der Gremien.

Arbeitsweise

Aufgrund des Zerfalls der SED und damit einhergehend der Staatsautorität sowie des ansteigenden Krisendrucks wurde schnell deutlich, dass der Zentrale Runde Tisch eine für längere Zeit tätige Einrichtung werde, in kürzeren Abständen zusammenkommen sowie eine konstante Arbeitsstruktur schaffen musste. Er tagte vom 7. Dezember 1989 bis zum 12. März 1990 insgesamt 16 Mal. In diesem kurzen Zeitraum wurden zahlreiche Beschlüsse verabschiedet, die alle Politikbereiche betrafen. Der Tisch verfügte letztendlich über insgesamt 17 Arbeitsgruppen mit den klassischen Funktionen von Parlamentsausschüssen. Die Gesamtzahl der ordentlichen Mitglieder und Berater belief sich auf 276, welche teilweise ein an die letzten Reserven gehendes Arbeitspensum erledigten. Die regionalen und lokalen Runden Tische kamen im Laufe ihres Bestehens durchschnittlich neun bis 20 Mal zusammen und tagten in der Regel zwischen acht bis zwölf Stunden. Die Teilnehmer der Runden Tische der Bezirke trafen sich den Protokollen entsprechend zwischen dem 7. Dezember 1989 und dem 12. Juli 1990 zwölf bis 21 Mal. Manche gingen ihrer Tätigkeit regelmäßig, zumeist wöchentlich oder vierzehntägig nach, andere (vor allem zum Ende hin) eher unregelmäßig.

In der praktischen Tätigkeit arbeiteten die Teilnehmer vor allem mit Anträgen, die von allen Parteien und Gruppierungen, aber auch ggf. von Bürgern über die jeweiligen Organisationsbüros eingebracht werden konnten. Sie wurden in schriftlicher Form vorgelegt und in den Debatten mündlich begründet und erläutert. Anträge zu grundsätzlichen innen- und außenpolitischen Fragen leitete man an den Ministerrat, die Volkskammer oder an Ministerien weiter, alle weiteren Anträge an die

ullstein bild, Lichtenberg, 00163951

Zentraler Runder Tisch in Berlin am 3. Januar 1990

Stadtparlamente, die Kreis- und Bezirkstage, die Räte der Städte, Kreise und Bezirke und andere Einrichtungen auf den jeweiligen Ebenen, d. h. an die sachlich Zuständigen vor Ort. Vereinzelt beschlossen Runde Tische wie der Stadttisch von Berlin, dass aus Gründen einer optimal geführten Arbeit je Tagung nur ein Sachantrag von jeder Gruppierung oder Partei behandelt werden sollte. Hatten mehrere Teilnehmer gleiche Themen, so wurden diese zusammen behandelt und den Einzelanträgen in der Reihenfolge der Abarbeitung vorangestellt. Das setzte eine ernsthafte Vorbereitung bei der Antragsstellung voraus und sollte eine Blockierung der notwendigen Arbeitsaufgaben des Tisches verhindern. Andernorts versuchte man mit anderen Mitteln, eine Effektivität der Arbeit zu gewährleisten. So vertraten die Mitglieder des Runden Tisches des Bezirkes Halle die Auffassung, dass an das Gremium „gerichtete Einzelanträge mit individuellen Zielstellungen nicht Beratungsgegenstand“ sein könnten. Die Gesprächsleitung wurde deshalb ermächtigt, eine Auswahl der Anträge vorzunehmen und Anträge oben genannter Inhalte sofort und eigenständig an die zuständigen Institutionen weiterzuleiten. Aufgrund ähnlicher Überlegungen wurde u. a. Anfang Januar 1990 in Karl-Marx-Stadt festgelegt, ab sofort Anträge an den Runden Tisch spätestens einen Tag vor der Sitzung beim Tagungsleiter abzugeben. In der Folgezeit wollte man zunächst die Tagesordnung abarbeiten und anschließend die vorab eingereichten Anträge behandeln.

Über die Sitzungen wurden Protokolle von unterschiedlichem Umfang und unterschiedlicher Qualität angefertigt. Die Papiere unterscheiden sich allein schon darin grundsätzlich voneinander, dass zum einen Ergebnisprotokolle, zum anderen Verlaufsprotokolle verfasst wurden. Der Runde Tisch der Stadt Berlin (RTB) unterschied zudem als einziger zwischen Protokoll- und Beschlusspapieren. Die Teilnehmer begründeten das folgendermaßen: „Dieses Protokoll stellt ein Arbeitspapier für die Teilnehmer am RTB dar und unterlässt die Aufgaben eines Wortprotokolls. Ausgenommen davon sind die Beschlüsse des RTB, da diese für alle Teilnehmer am RTB verbindlichen Charakter tragen." Darüber hinaus lagen allen Protokollen häufig die Antragstexte und/oder die Beschlussvorlagen bei. An den Tischen, an denen die Gesprächsleitung rotierte, kam erschwerend hinzu, dass die Niederschriften jedes Mal von einer anderen Person verfasst wurden.

Fast alle Bezirkstische schufen analog zum zentralen Berliner Gremium Arbeitsgruppen (AG). Dies erfolgte parallel zu ausgewählten thematischen Tischen – vor allem zu den Themen Bildung, Gesundheitswesen und Kultur. In einem speziellen Beschluss des Runden Tisches des Bezirkes Potsdam vom 31. Januar 1990 hieß es dazu: „Zur inhaltlichen Vorbereitung seiner Beratungen kann der Runde Tisch Arbeitsgruppen bilden, denen Vertreter aller am Runden Tisch vertretenen Parteien und Gruppen angehören. Die Arbeitsgruppen können nach eigenem Ermessen weitere kompetente Partner und Bürger in ihre Arbeit einbeziehen." Hier entstanden beispielsweise Arbeitsgruppen zur Vorbereitung der Tätigkeit des Regionalausschusses, für Rundfunk und Medien, Sicherheit, Ernährung, Landwirtschaft und Forst. Der Moderator am Berliner Tisch, Werner Krätschell, sagte in diesem Zusammenhang, dass die nach dem paritätischen Prinzip zusammengestellten Arbeitsgruppen zu bestimmten offenen Fragen und Themen gebildet worden seien, die während einer Sitzung nicht erledigen werden konnten. Diese Arbeitsgruppen hätten die Pflicht gehabt, von ihren eigenen Sitzungen Bericht zu erstatten. Deren Vorschläge zur Lösung eines Problems seien, wie es in der Ausschussarbeit in jedem Parlament üblich war, in der Regel vom gesamten Runden Tisch verabschiedet worden. War der Vorschlag nicht ausgereift, habe man ihn nach einer Diskussion in die AG zur Überarbeitung zurückverwiesen. In Berlin existierten nach Protokollangaben die meisten Arbeitsgruppen. Zu den 16 Gruppen zählten beispielsweise die AG „Zulassungskriterien" über Zulassungskriterien für die Teilnahme am Tisch, die AG „Zu Tendenzen von neofaschistischen, antisemitischen und rassistischen Entwicklungen", die AG „Redaktion", die AG „Öffentlichkeit" und die AG „Bau".

Wichtig für die Wirksamkeit der Runden Tische war es, dass allen

Teilnehmern gleiche finanzielle, räumliche und personelle Arbeitsmöglichkeiten geboten wurden. Deshalb durfte u. a. den Mitgliedern der neuen politischen Bewegungen, die beruflich häufig außerhalb der Politik tätig waren, durch ihr Engagement am Runden Tisch kein finanzieller Nachteil entstehen. Für sie bestanden daher Möglichkeiten der Freistellung vom regulären Arbeitsverhältnis und des Erhalts von Ausgleichszahlungen für den entstandenen Verdienstausfall von 10 Mark pro Stunde (maximal 80 Mark am Tag). Gleiches galt auch für freiberuflich tätige Teilnehmer. Die erforderlichen Aufwendungen sollten aus dem Staatshaushalt finanziert werden. Wie bereits erwähnt, hatte der Ministerrat am 21. Dezember 1989 einen Beschluss zur Unterstützung der Runden Tische gefasst. Darin wurde ausdrücklich hervorgehoben, dass die vorgesehenen Maßnahmen auch von den Teilnehmern des Runden Tisches auf der Bezirks-, Kreis-, Stadt- und Gemeindeebene in Anspruch genommen werden könnten. Diese bezogen sich nicht nur auf die o. g. Freistellung von der beruflichen Tätigkeit für alle Teilnehmer am Runden Tisch mit entsprechenden Ausgleichszahlungen wie bei gewählten Abgeordneten, sondern auch auf die Bereitstellung von Räumlichkeiten, Büroausstattung und von Fahrzeugen für die neuen Organisationen. Außerdem wurde der Zugang zu den Medien entsprechend der in der Verfassung garantierten Pressefreiheit zugesichert ebenso wie die Bereitstellung von Papierkontingenten und Druckkapazitäten und den Pressevertrieb über den Postzeitungsvertrieb. Die Räte der Bezirke setzten diese Beschlüsse um. Mancher Vorsitzende wie z. B. der Leipziger ließen hierfür auf Anregung der Runden Tische sogar detaillierte Maßnahmenpläne erarbeiten. Dabei kam es aber mitunter – wie in Leipzig – zu gewissen Verzögerungen: „Der Ministerrat hatte schon am 21.12.1989 einen ‚Beschluss zur Unterstützung der Arbeit des Runden Tisches' verabschiedet [...]. Der Vorsitzende des Rates des Bezirkes kannte diesen Beschluss zwar, gab ihn aber zu diesem Zeitpunkt nicht offiziell bekannt. Erst im Februar fasste der Rat des Bezirkes, vermutlich auf Anregung des Runden Tisches, einen ähnlichen Beschluss."

Entscheidend für die Arbeitsfähigkeit war zudem die Schaffung feststehender Vorbereitungs- bzw. Organisationsstrukturen. Vom Runden Tisch des Bezirkes Gera wurde dafür im Januar 1990 z. B. ein Büro im Gebäude des Rates des Bezirkes eröffnet. Damit gab man den Bürgern die Möglichkeit, mit konkreten Anfragen auf die Arbeit des Gremiums Einfluss zu nehmen. Ein ausgewählter hauptamtlicher Mitarbeiter, der Büroverantwortliche bzw. Sekretär, wurde mit der Sichtung, Bearbeitung und Weiterleitung von Anfragen aus der Bevölkerung betraut. Hier konnten bis spätestens sechs Tage vor der nächsten Beratung des Runden Tisches auch die einzelnen Parteien und Bewegungen Anträge einreichen. In Potsdam übernahm das Sekretariat des Rates des Bezirkes zahlreiche Aufgaben, beschränkte sich dabei aber im Wesentlichen auf technisch-organisatorische Arbeiten sowie auf die Vervielfältigung und den Versand von Dokumenten des Runden Tisches. Am Magdeburger Tisch oblag dagegen die gesamte Geschäftsführung den Vertretern vom Rat des Bezirkes.

Auch der Berliner Tisch schuf ein Geschäftsbüro beim Magistrat. Hier war ebenfalls eine Stadträtin für die organisatorisch-technischen Aufgaben verantwortlich. Die Leitung des Büros hatte jedoch eine vom Tisch ausgewählte, unabhängige Person inne. Der Büroleiter Peter Matz erinnerte sich wie folgt an das Zustandekommen seines Amtes und seine Tätigkeit: Der Magistrat habe schließlich am 3. Januar 1990 neben einem Sitzungssaal, dem Grünen Saal, auch ein Bürozimmer im Roten Rathaus zur Verfügung gestellt. Das Büro sei auf der Etage des Oberbürgermeisters gewesen, rechts neben dem des Stadtrats für Inneres und links neben dem des Stadtrats für internationale Verbindungen. Damit sei er täglich nur fünfzig Meter vom Oberbürgermeister entfernt gewesen. Matz sprach im Nachhinein von einer sehr guten Organisation durch den Magistrat. Die o. g. Stadträtin sei beauftragt worden, die Verwaltung, die Sitzungen, die Bereitstellung der Räume usw. zu organisieren. Darüber hinaus habe ihm der Magistrat eine Sekretärin zur Seite gestellt. In diesem Büro habe jedermann seine Anfragen und Informationen vorbringen können. Von ihm sei alles Eingegangene gesichtet worden; er habe die Sitzungen und die jeweiligen Tagesordnungspunkte vorbereitet, sich um die Sicherheit gekümmert und die Einladungen verfasst. Dazu seien noch die Bearbeitung von Presseanfragen sowie die Organisation einer eigenen Zeitung und einer eigenen Rundfunksendung gekommen. Letzteres habe sich angeboten, da der Berliner Rundfunk von Anfang an bei den Sitzungen im Grünen Saal des Rathauses einen festen Ort mit Livemikrofon und Reporter hatte. Im Vorfeld der Rundtischsitzungen traf Peter Matz regelmäßig zu Absprachen mit dem Sekretär des Oberbürgermeisters zusammen. Dieser habe alles aufseiten des OBM, der jeweils zuständigen Stadträte oder der anderen an den Tisch geladenen Personen aus staatlichen Institutionen organisiert. Diejenigen habe dann auch der Oberbürgermeister persönlich an den Runden Tisch geladen. Die Lageberichte des OBM seien zwei Tage vor den Sitzungen bei ihm eingegangen. Er habe sie den Mitarbeitern am Runden Tisch zur Verfügung gestellt, so dass sie nicht nur die Berichte verfolgen, sondern auch schon Fragen für die jeweiligen Sitzungen vorbereiten konnten. Matz nahm zudem ständig an den Magistratssitzungen teil. Dort habe er seinen eigenen Platz am Tisch gehabt, sämtliche Unterlagen und Rederecht wie jeder Stadtrat erhalten.

Was das Abstimmungsverhalten betraf, so wurden an einer Reihe von Tischen Mehrheitsbeschlüsse verabschiedet, an den meisten ging es aber um einen von allen akzeptierten und getragenen Konsens. Der Hallenser Moderator Peter Willms erinnerte im Zusammenhang mit der zuletzt genannten Variante wiederholt an die synodalen Erfahrungen der moderierenden Kirchenvertreter: „Die Synoden hatten ein Prinzip, das auf Konsensbildung ausgeht und Abstimmungen nur für den Fall vorsieht, dass eine Konsensbildung als nicht möglich erscheint, weil die Positionen tatsächlich zu weit auseinander liegen und eine Verständigung über einen viel zu langen Zeitraum von Monaten oder Jahren gehen würde. Nur in den Ausnahmefällen hat man in den Synoden auch mal Abstimmungen mit sehr knappen Verhältnissen gehabt. Das ist in einem Parlament, wo Interessen ausgeglichen und durchgesetzt werden müssen und Lobbyarbeit betrieben werden muss, häufig ganz anders. Das halte ich für einen wichtigen Punkt, weil es in dieser Situation ja überhaupt nicht darum ging, parlamentarische Verhältnisse neben einer schon nicht mehr legitimierten parlamentarischen Struktur zu schaffen, sondern es ging darum, die Voraussetzungen hinzubekommen, damit parlamentarische Strukturen, demokratische Strukturen zum 18. März geschaffen werden können. Und in der Tat, wir sind im Wesentlichen, ich meine, bis auf zwei Ausnahmen, zu einmütigen Entscheidungen gekommen – da gab es drei Enthaltungen oder drei Gegenstimmen oder so was, das war marginal. Wir hatten weit über zwei Drittel immer, häufig einstimmig. Ich meine, es sei ein, zwei Mal in Fragen knapp gewesen, aber der Wille zur Zusammenarbeit war auch eben bei allen vorhanden, das muss man einfach sagen." Die Vorteile und Möglichkeiten von (einmütigen) Mehrheitsbeschlüssen erläuterte auch Günter Bransch, Moderator am Runden Tisch des Bezirkes Potsdam wie folgt: „Ich habe immer gesagt: ‚Wir wollen hier nicht einstimmig, aber wenn es geht einmütig entscheiden.' So konnte der eine oder andere, der das aus Überzeugung oder anderen Gründen nicht wollte, auch nein sagen. Wichtig war, dass eine solide Mehrheit da war. Die wechselte schon mal in den Lagern."

Die Runden Tische tagten weitgehend öffentlich, einzig dann nicht, wenn Personenfragen zu verhandeln waren. Nur einige wenige Moderatoren gaben (meisten anfangs) lediglich Presseerklärungen heraus. Alle anderen ließen die Anwesenheit der Presse während der Sitzungen zu. In vielen lokalen Zeitungen erschienen seither sowohl mehr oder minder umfangreiche Berichte über die Beratungen als auch Interviews mit Rundtischteilnehmern, vornehmlich mit Moderatoren und Vertretern der Räte der Bezirke. In Berlin erschien sogar eine kleine Zeitung zum Runden Tisch. Mancherorts, wie in der Hauptstadt oder in Schwerin, wurden die Sitzungen außerdem über den regionalen Rundfunk übertragen oder die Moderatoren sprachen, wie in Dresden, über die Gesprächsrunden im Rundfunk. Erich Iltgen erinnerte sich daran, dass er immer fünf Uhr früh, als alle noch geschlafen hätten, im Rundfunk berichtet habe. Man habe den Tisch damit spüren lassen, dass er nicht allzu beliebt in der Presselandschaft war. Andererseits machten die Medien von der Möglichkeit der Teilnahme unterschiedlichen Gebrauch – in der ersten Zeit wohl viel mehr als gegen Ende. Die lokale Presse verhielt sich gegenüber ihren jeweiligen Runden Tischen sehr unterschiedlich. Teils wurde anfangs die Zusammenarbeit abgelehnt, in der Hauptsache jedoch freiwillig berichtet. Mitunter entwickelte sich die örtliche Presse aber auch zum direkten Sprachrohr und Förderer des Runden Tisches und unterstützte und prägte den Fortgang aktiv.

Der Informationsaustausch zwischen den Runden Tischen der Kommunen und der Land- und Stadtkreise des Bezirkes sowie dem betreffenden Gremium auf Bezirksebene funktionierte nicht wie gewünscht und erforderlich, was beispielsweise entsprechende Eingaben und Beschwerden der Kreistische an den Bezirkstisch von Gera deutlich machten. Danach sollte die gegenseitige Zusendung wichtiger Unterlagen wie der Protokolle diesem Missstand abhelfen. Eine Verbesserung dieser Situation war jedoch kaum zu bemerken. Absprachen unter den Vorsitzenden der Räte der Bezirke, möglicherweise auch informeller Art, hat es mit Sicherheit gegeben. Das ließen die bereits beschriebenen regelmäßigen Sitzungen der Ratsvorsitzenden gemeinsam mit Modrow in Berlin durchaus zu.

Informelle Kontakte bestanden definitiv auch unter den Mitgliedern des Neuen Forums. Mitunter erwiesen sich vor allem die Verbindungen zum Republiksprecherrat des Neuen Forums als hilfreich. In diesem Zusammenhang berichtete Johann-Georg Jaeger, Vertreter des Neuen Forums am Runden Tisch des Bezirkes Rostock, von seiner Kenntnis über die Tagung des Zentralen Runden Tisches, auf der die vorher beschlossene Vernichtung von MfS-Akten wieder rückgängig gemacht wurde. Durch die Bezirksbeauftragten sei aber praktisch versucht worden, die Bezirkstische darüber in Unkenntnis zu lassen und die Akten in den Regionen doch zu vernichten. Nach entsprechenden Informationen durch den Republiksprecherrat des Neuen Forums habe man das am Runden Tisch des Bezirkes Rostock verhindern können. Außerdem gab es über den Sprecherrat auch Kontakte zu Vertretern des Neuen Forums am Runden Tisch der Stadt Rostock. Eine besondere Art von organisierten Vorabsprachen unter den neuen Gruppierungen fand in Leipzig statt. Rita Sélitrenny erzählte rückblickend, dass sich an den Vorabenden der Sitzungen an den Runden Tischen der Stadt und des Bezirkes die Vertreter zahlreicher neuer Gruppierungen im Haus der Demokratie getroffen hätten. Dort habe man lange gesessen, diskutiert, Beschlüsse vorbereitet, auch Papiere geschrieben – um relativ rasch über die Geschäftsordnung Einfluss nehmen zu können – taktische Überlegungen für den Sitzungsverlauf durchdacht und Beschlüsse kontrolliert.

Als neutraler Beobachter registrierte Uwe Thaysen seinerzeit eine fortschreitende Professionalisierung der Arbeit im zentralen Gremium: „Am Runden Tisch wurde zugleich inhaltlich ein faszinierendes rechtsstaats- und demokratietheoretisches Seminar abgeleistet." Zum einen demonstrierten die Rundtischteilnehmer auf überzeugende Art und Weise die Geltungskraft parlamentarischer Regeln. Andererseits waren an dem Tisch auch – und entgegen jeglichem Mythos – alle potentiellen Schwächen des Parlamentarismus wie zum Beispiel hoch differenzierte Machtkämpfe, mangelnde Transparenz, ungenügende Zurechenbarkeit von Entscheidungen sowie Lobbyismus anzutreffen. Diese Einschätzung traf mit Sicherheit auch auf die meisten anderen Runden Tische in der DDR zu.

Moderation

Nachdem anfänglich von den Kirchenvertretern nur Starthilfe für eine angestrebte rotierende Gesprächsleitung erwartet worden war, stand seit der dritten Sitzung schließlich fest, dass Monsignore Karl-Heinz Ducke von der katholischen Kirche, der Methodist und Geschäftsführer der AG Christlicher Kirchen, Pfarrer Martin Lange, und der Vertreter der evangelischen Landeskirchen, Oberkirchenrat Martin Ziegler, den Zentralen Runden Tisch der DDR dauerhaft und gemeinsam moderieren würden. Ihre Akzeptanz als Gesprächsleiter resultierte vor allem aus ihren Erfahrungen im demokratischen Dialog und ihrer Schulung in Konsensbildung, die sie gewinnbringend bei der Rundtischmoderation einbringen konnten. Die Moderatoren verstanden sich nicht als Vertreter eigener Interessen, sondern als „Vermittler in Verantwortung für das Ganze", „Helfer zum Gespräch" und „Mahner zur Friedfertigkeit". Der christlich geprägte Wille nach Konsens und Ausgleich am Runden Tisch hat aber mitunter auch wichtige oder intensivere Auseinandersetzungen verhindert.

Dem Beispiel des Zentralen Runden Tisches, die Sitzungen von Kirchenvertretern moderieren zu lassen, folgten eine Reihe von Tischen, u. a. auch die meisten der 15 Bezirksgremien. An diesen Tischen verstanden die Kirchenvertreter ihre Rolle im Grunde genommen ähnlich wie die der Moderatoren am Zentralen Runden Tisch. Andere Regelungen galten für die Kirchenvertreter in sechs Gremien. An den Runden Tischen der Bezirke Gera, Suhl, Erfurt, Magdeburg und Neubrandenburg nahmen sie als

ullstein bild, 00155305

Moderatoren am Zentralen Runden Tisch: Martin Lange, Martin Ziegler, Karl-Heinz Ducke (v. l.)

stimmberechtigte, in Karl-Marx-Stadt als beratende Mitglieder teil. Am zuletzt genannten Tisch wurde auf Antrag von CDU und DA beschlossen, den Kirchen den Vorschlag zu unterbreiten, dass drei Teilnehmer als Beobachter mit Rederecht am Runden Tisch sitzen dürfen. In Gera, Suhl, Neubrandenburg und Karl-Marx-Stadt rotierte die Gesprächsleitung unter allen teilnehmenden Gruppierungen und Parteien. Eine solche Rotation der Tischleitung konnte aber die erforderliche Stringenz im Ablauf behindern. Ausnahmen stellten die Tische von Erfurt und Magdeburg dar. Hier fiel den Kirchenvertretern trotz Stimmrecht auch die alleinige Moderation zu.

In Frankfurt wiederum war es der Vorsitzende des Rates des Bezirkes Baust, der Generalsuperintendent Leopold Esselbach vorgeschlagen hatte, die Moderation zu übernehmen. Dem wurde von den anwesenden Parteien und Gruppierungen zugestimmt. Andernorts – wie in Potsdam – stellten sich die Kirchenvertreter der Wahl durch die Beteiligten am Tisch. Generalsuperintendent Günter Bransch begründete seinen damaligen Wunsch nach einer Wahl damit, dass es ihm wichtig gewesen sei, von der übergroßen Mehrheit als Gesprächsleiter akzeptiert zu werden. An den meisten Tischen war es für die Kirchenvertreter jedoch selbstverständlich, als Moderatoren eingesetzt zu werden. Sie begründeten es zum einen mit dem Vertrauen der Menschen in die Kirchen, was auch etwas mit deren Verhalten in der DDR zu tun gehabt habe, zum anderen mit ihren synodalen Erfahrungen, die sie für Gesprächsleitungen geradezu prädestinierten.

Ihre Akzeptanz als Gesprächsleiter resultierte demnach aus ihren Erfahrungen im demokratischen Dialog und ihrer Schulung in der Konsensbildung, die sie gewinnbringend bei der Rundtischmoderation einbringen konnten. In dieser Hinsicht konnte auch Propst Falcke auf viel Erfahrung zurückblicken. Er hatte bis dato viele Gremien, z. B. Synodalausschüsse, geleitet. Das sei sein tägliches Brot gewesen, berichtete er. Einer der Moderatoren am Runden Tisch des Bezirkes Halle erläuterte die für eine Gesprächsleitung erforderlichen Fähigkeiten folgendermaßen: „Antrag auf Begrenzung auf Redezeit, Antrag auf Ende der Rednerliste, Antrag auf Ende der Debatte – das sind ja alles ganz grundverschiedene Instrumentarien, und die geschickt einzusetzen, im Interesse der Sache, das war unser Bier. Und ich glaube, bis auf ein paar Pannen ist uns das relativ gut gelungen. Aber im Übrigen war der Sachverstand der Leute selbst gefragt, das heißt, wir mussten uns hineinhören können, wir mussten Gesprächsbeiträge überschauen können: Wie weit führen sie in der Sache weiter? Wie weit nicht? Was müssen wir hier noch herausholen und sagen, wir brauchen hier noch eine andere Stimme? Wir bitten ausdrücklich darum, dass, wer anderer Meinung ist, sich hier zu Wort meldet und so weiter. Also das Gespräch so gut zu führen, dass wirklich alle Sachargumente in einer vertretbaren Zeit an die Reihe kamen, so dass man zu einer Entscheidung kam." „Harte Auseinandersetzungen" habe dieses Verfahren jedoch keinesfalls ausgeschlossen.

Auf die Frage, nach welchen Modalitäten moderiert wurde, antwortete beispielsweise Christoph Sens, Moderator am Runden Tisch des Bezirkes Magdeburg: „Also wenn, dann sehr zurückhaltend. Ich für meinen Teil habe dort nicht bestimmte Positionen inhaltlicher Art vertreten. Wenn, dann ausgleichend oder beschwichtigend. Also da lag uns schon daran, als Moderatoren die Gesprächslage nirgendwo zu verschärfen, sondern zu gewährleisten, dass auch die unterschiedlichen Meinungen, auch wenn sie mal ein bisschen aufeinander prallen, wieder in Ruhe miteinander erörtert werden können. Es war an sich mehr unser Selbstverständnis, dass wir nicht unsere Meinung einbringen. Die Kirche sollte nun sowieso keine politische Kraft sein und nicht als solche erscheinen. Und selbst wenn wir zu bestimmten Dingen eine Meinung hatten, gab es ja andere an dem Tisch, die ähnliche Meinungen vertraten. Es war ja nicht so, dass die Meinung dann gar nicht zur Sprache kam. Aber man musste versuchen, sich da doch selbst ein bisschen zurückzunehmen."

Viele Rundtischteilnehmer äußerten sich im Nachhinein positiv über die Art und Weise der Moderation durch die Kirchenvertreter. Auch wenn sie hätten erkennen lassen, so Roland Wötzel, SED/PDS-Vertreter am Runden Tisch des Bezirkes Leipzig, im Nachhinein, „wo sie mehr Wahrheitsgewicht oder mehr Überzeugungskraft gesehen haben“, moderierten sie eigentlich, um eine gemeinsame Meinung zu formulieren. Für Außenstehende hätten die Gesprächsrunden vielleicht harmonisch ausgesehen, für DDR-Verhältnisse sei es jedoch völlig ungewohnt gewesen. Verbal sei alles ausgereizt worden, von der Sache her nichts unausgesprochen geblieben. Auch Peter Willms erinnerte sich, dass es schon gewisse Themen gab, bei denen es für den Moderator schwierig wurde, „die Akteure zu disziplinieren“. Das habe vor allem Themen betroffen, die aus der Erfahrung der zurückliegenden Zeit sehr sensibel waren, insbesondere Fragen des Schul- und Bildungswesens oder der Staatssicherheit. Diese Themen seien derart emotional aufgeladen gewesen, dass Konfliktsituationen nicht ausgeblieben seien. Dennoch sei es immer wieder gelungen, die Diskussion auf eine sachlich disziplinierte Ebene zurückzuholen.

An den Runden Tischen, an denen die Gesprächsleitung rotierte, habe das Interesse der Moderatoren auch im Ausgleich gelegen, denn es sei doch – so Propst Falcke – recht kontrovers zugegangen. Wie viele seiner Amtskollegen hat der Moderator am Erfurter Bezirkstisch aber beständig darauf geachtet, dass die neuen Initiativen, d. h. die basisdemokratischen Kräfte auch tatsächlich zum Zuge kamen. Was sein Stimmrecht anging, so meinte Falcke im Interview, dass er sich selbst als Teil der Opposition verstanden habe, zumal er Mitglied des Demokratischen Aufbruchs gewesen sei. Insofern habe er sich auch in der Sache engagieren und abstimmen wollen. Erhard Kretschmann, Vertreter der evangelischen Kirche am Runden Tisch des Bezirkes Suhl, sah das ähnlich: „Ich habe den Eindruck, dass es so zustande gekommen ist, dass wir gesagt haben: Wir wollen wirklich einen demokratischen Neuanfang und niemanden ausschließen und wir wollen alle gleichberechtigt an dem Tisch sein. Ja, wir wollten unser Stimmrecht. Das war uns wichtig. Das ist sozusagen ein Stückchen Basisdemokratie, die wir praktizieren wollten.“ Ulrich von Saß, Pfarrer und Vertreter des Bürgerkomitees am Runden Tisch des Bezirkes Neubrandenburg, äußerte im Interview eine andere Begründung: „Wir haben uns als Kirche sehr schnell wieder aus den Gruppierungen zurückgezogen. Wir von der evangelischen Kirche haben gesagt: Wir helfen mit beim Aufbau und ziehen uns dann zurück und machen wieder unsere Arbeit. Die Gruppierungen waren aber [in den Nordbezirken] noch nicht so stark. So selbständig war das alles noch nicht. Wenn man sich die machtpolitische Konstellation im Bezirk anschaute, dann gehörten die Kirchen schon an den Runden Tisch, wie sie da saßen. Für mich war das sinnvoll. Die Idee [, als Moderator zu agieren,] kam so nicht, wurde so nicht diskutiert. Das war gar nicht Gesprächsgegenstand. Wie das am Zentralen Runden Tisch gehandhabt wurde, hatten wir noch gar nicht wahrgenommen. Das wussten wir am 7. Dezember 1989 noch nicht. Da fand ja auch die erste Sitzung in Berlin statt. Als die erste Sitzung in Neubrandenburg stattfand, lag noch kein Bericht aus Berlin vor, so dass dieses Modell überhaupt nicht zur Verfügung stand."

Eine fortwährende Rotation der Tischleitung konnte jedoch auch die erforderliche Stringenz im Ablauf behindern. Bernd Winkelmann, Pfarrer und als Vertreter des Neuen Forums am Runden Tisch des Bezirkes Suhl, beschrieb diesen Fehler wie folgt: „Wir wollten eben so demokratisch wie möglich sein und haben gesagt, dass die Leitung des Runden Tisches rotiert von Mal zu Mal. Und das hat sich natürlich so ausgewirkt, dass dann die jeweilige Leitung, z. B. SED oder CDU, natürlich die Leitung in ihrem Sinne fabriziert hat, versucht hat durchzusetzen. Da gab es natürlich auch Streit, und da haben wir uns gewehrt. Oder umgekehrt, uns haben sie etwas vorgeworfen, wenn wir geleitet haben. Und dann schrieb der Einladende und Moderator zugleich das Protokoll. Und ein Protokoll ist ja etwas ganz Wichtiges. Und im Nachhinein haben wir darüber gesprochen, mindestens für das Protokoll hätten wir einen qualifizierten Protokollführer haben sollen, für die ganze Zeit. Der auch das Vertrauen hat. Also mit diesen rotierenden Leitungen wurde versucht, die demokratische Verantwortung besonders deutlich zu machen. Aber im Nachhinein sehe ich es doch ein bisschen kritisch."

Die Atmosphäre, die nicht unmaßgeblich von der jeweiligen Art und Weise der Moderation geprägt wurde, nahm man an den 15 Tischen durchaus unterschiedlich wahr. Der Leipziger Michael Weber beschrieb seinen Eindruck wie folgt: „Es gab für alle am Tisch das merkwürdige Gefühl, als ob es eine dritte Instanz gegeben hätte, die einen dort an den Tisch gesetzt hätte. Das ist so wie bei Leuten im Fahrstuhl, wenn der plötzlich stecken bleibt, die sich dann zögerlich miteinander bekannt machen. Es gab nicht etwa auf der einen Seite den misslaunigen Funktionär, der es jetzt ertragen musste, dass Laienschauspieler um ihn herumsitzen, die etwas von ihm wollen. Sondern es gab so eine merkwürdige Situation, wo niemand im Raum so richtig wusste, warum er nun eigentlich da hockt und was er eigentlich bewegen kann und will. Deshalb ist da so eine Gegenüber-Rolle nicht da. Weil alle so ein bisschen unsortiert waren." Ulrich von Saß aus Neubrandenburg fasste in Worte, was viele andere Teilnehmer bereits während der Beratungen festgestellt hatten: Es sei generell ein sachorientiertes Arbeiten gewesen, bei dem parteipolitische Interessen außen vor geblieben seien, aber es habe auch eine Veränderung der Atmosphäre über die Monate hinweg stattgefunden. Während der ersten Hälfte der Sitzungen bis ca. Ende Januar sei eine gewisse Unsicherheit zu spüren gewesen. Ab Februar und damit in Hinblick auf die anstehenden Wahlen habe eine Rolle gespielt, dass keiner etwas falsch machen wollte. Da sei eine „seltsame opportunistische Unsicherheit" entstanden. Deshalb war für ihn das, was am Runden Tisch abgelaufen ist, definitiv nicht basisdemokratisch gewesen. Franz-Peter Spiza, Moderator am Runden Tisch des Bezirkes Schwerin, wies im Interview dagegen mehrmals darauf hin, dass die Vertreter der neuen Gruppierungen „unheimlich viel Unsicherheit, ja auch falschen Respekt gegenüber diesen Personen [von der] Staatsmacht" gezeigt hätten. Da sei auch eine gewisse Scheu, zu fordern und/oder nachzufragen, gewesen. Andererseits kann man anhand von Protokollen, explizit von denen des Erfurter Gremiums, erkennen, wie sich das Verhalten der oppositionellen Gruppierungen vom „Fragen" hin zum „Fordern" wandelte. Sie wurden selbstsicherer, die Beschlüsse und Empfehlungen des Tisches erhielten immer mehr verbindlichen Charakter. Nach Mathias Ladstädter aus Erfurt haben aber auch viele Mitglieder der neuen Gruppierungen über die gesamte Zeitspanne hinweg eine gewisse Frustration verspürt, da nicht alles gelungen sei und man sich nicht immer habe durchsetzen können. Dennoch hätten viele gesagt: „Wir machen weiter; es geht ja darum dieses System, was wir dort zumindest ins Wanken gebracht haben, gänzlich zu demontieren."

Bundesarchiv, Bild 183-1990-0315-300, Heinz Himdorf

Mitglieder des Runden Tisches des Bezirks Erfurt kontrollieren die Waffenvernichtung

Aufgaben

Die größte Leistung der Oppositionellen am Zentralen Runden Tisch der DDR war, dass der Staatssicherheitsapparat gegen den Willen des Ministerpräsidenten kompromisslos und vollständig aufgelöst wurde. Damit verbunden waren aber auch die peinlichsten Fehler des Zentralen Runden Tisches. So erklärten sich die Beteiligten damit einverstanden, dass sich die Hauptverwaltung Aufklärung, d. h. der Apparat der Auslandsspionage des MfS, bis zum 30. Juni 1990 weitgehend selbst auflösen und alle Akten vernichten konnte. Der zweite Fehler, die Zustimmung des Runden Tisches zur physischen Zerstörung aller Magnetbandspeicher am 19. Februar des Jahres, erregte die Öffentlichkeit noch wesentlich stärker.

ullstein bild, 00217055, HM Sewcz

Zentraler Runder Tisch in Ost-Berlin, 19. Februar 1990

Eigentlich wollte der Zentrale Runde Tisch keine parlamentarische oder Regierungsfunktion übernehmen, sondern laut Selbstverständnis „Bestandteil der öffentlichen Kontrolle" sein. Er forderte deshalb gleich zu Beginn seiner Tätigkeit die „Offenlegung der ökologischen, wirtschaftlichen und finanziellen Situation" und darüber hinaus, „rechtzeitig vor wichtigen rechts-, wirtschafts- und finanzpolitischen Entscheidungen informiert" und in die Entscheidungsfindung einbezogen zu werden.

Dem trugen die Informationen von Regierungsvertretern, wenn auch nur begrenzt, Rechnung. Der Tisch nahm aber von Anfang an mehr als nur die Kontrollfunktionen klassischer Parlamente wahr, denn bereits seit der ersten Sitzung hatte er auch eine gesetzgebende Funktion inne. Unabhängig vom Ergebnis sei nur an die Arbeit am Wahlgesetz erinnert. Obwohl er das von der Volkskammer letztendlich angenommene Wahlgesetz nicht wie beabsichtigt selbst entworfen hat, wachte der Zentrale Runde Tisch darüber, dass die Entscheidung, freie Wahlen zuzulassen, erfolgreich umgesetzt wurde und war damit „Wegbereiter freier Wahlen".

Der Runde Tisch beschäftigte sich zudem mit dem Parteien- und Vereinigungsgesetz, dem Versammlungsgesetz, dem Mediengesetz und nicht zuletzt mit einem Verfassungsentwurf. Eine Reihe von Teilnehmern hatte es bereits auf der ersten Sitzung als wesentliche Aufgabe angesehen, eine neue Verfassung auszuarbeiten, die nach den Wahlen Gegenstand eines Volksentscheids werden sollte. Viele von ihnen haben diesen Verfassungsentwurf damals als „Vermächtnis des Zentralen Runden Tisches" angesehen und seine symbolische Wirkung hoch eingeschätzt. Am 4. April 1990 überstellte die Arbeitsgruppe „Neue Verfassung" des Runden Tisches der neuen Volkskammer den Entwurf. Da diese Verfassung eine von der ostdeutschen Bevölkerung mehrheitlich gewünschte schnelle Verwirklichung der deutschen Einheit verhindert hätte, wurde sie aber weder von der Volkskammer noch in der Öffentlichkeit ernsthaft diskutiert.

Darüber hinaus beschloss der Zentrale Runde Tisch am 5. März 1990 eine „Sozialcharta", mit der die rechtlich einklagbare Garantie ausgewählter sozialer Standards gefordert wurde. Sie war eindeutig an die Regierung in Bonn adressiert. Die „Sozialcharta" demonstrierte aber auch Erwartungen ihrer Verfasser in Hinblick auf die deutsche Wiedervereinigung. Nach ihr sollte sich die Einheit „auf dem Wege eines wechselseitigen Reformprozesses beider deutscher sozialer Sicherungssysteme in ihren positiven Grundzügen" vollziehen. Auch andere Beschlüsse des Runden Tisches standen mit der Wiedervereinigung in Zusammenhang, „wenngleich mit Forderungen und Erwartungen verknüpft, die in der Aushandlung des Staatsvertrags kaum mehr Beachtung fanden". So haben die Beteiligten auf der zwölften Sitzung am 12. Februar 1990 ein Positionspapier verabschiedet, welches Ministerratsvorsitzender Modrow für die Verhandlungen mit Bundeskanzler Kohl mitgegeben wurde. Darin sei gefordert worden, „dass kurzfristig eine Expertenkommission aus beiden deutschen Staaten Möglichkeiten, Bedingungen und Auswirkungen einer Währungsunion prüft und danach offenlegt". Außerdem verlangten die Beteiligten „allen weiteren politischen Entscheidungen ein Konzept des stufenweisen und vertraglich geregelten Zusammenwachsens der beiden deutschen Staaten zugrunde zu legen". Schließlich wurde die Bildung eines gemeinsamen deutschen Rates zur Regelung des Einigungsprozesses vorgeschlagen. Demnach hielt sich der Zentrale Runde Tisch für die deutsche Wiedervereinigung offen. Fraglich blieben jedoch der Zeitpunkt und die damit verbundenen Bedingungen bzw. Erwartungen.

Wie der Zentrale Runde Tisch entwickelten auch die Runden Tische der Bezirke ebenso konkrete längerfristige Reformvorschläge für ausgewählte Bereiche der Gesellschaft. Sie beschäftigten sich aber noch wesentlich mehr mit kurzfristigen Maßnahmen für das praktische Leben. Die Teilnehmer diskutierten zahlreiche wichtige und teilweise hochbrisante, vor allem die Regionen betreffende Themen und führten einen Teil den erforderlichen Lösungen zu. Doch war auch für sie die Zeit von drei bis maximal sieben Monaten ein knapper Zeitraum. An den Tischen wurden deshalb auch viele Themen und Probleme diskutiert, die oft nicht binnen Kurzem oder gar endgültig gelöst werden konnten. Fast alle Runden Tische der Bezirke konnten die größten Erfolge ihrer Arbeit in der begleitenden Kontrolle der Auflösung der MfS-Strukturen in den Bezirken und in der Beaufsichtigung der Wahlvorbereitungen verbuchen.

Manche Tische nahmen sich aber auch durchgängig bestimmter Schwerpunktthemen an, was sie deshalb maßgeblich von anderen Bezirkstischen unterschied. Diese Schwerpunkte wurden zum einen durch die ungleichen Ausgangssituationen in den einzelnen Bezirken mitbestimmt. An manchem Runden Tisch ging es deshalb in erster Linie und von Anfang an um die Aufrechterhaltung von Strukturen, damit die Versorgung der Bevölkerung weiterhin ausreichend gewährleistet werden konnte. Zum anderen gab es bei der Schwerpunktsetzung der Themen auch Sonderfälle. So gingen von bestimmten Runden Tischen erste Impulse zur Landesbildung aus; in anderen Gremien spielten die Wahlvorbereitungen eine überdurchschnittliche Rolle. Es gab aber auch Tische, an denen die eine oder andere der drei Hauptaufgaben eher geringe Aufmerksamkeit erfuhr.

Wahlvorbereitungen

Die Runden Tische der Bezirke brachten sich so intensiv wie möglich in die Vorbereitungen der Volkskammer- und der Kommunalwahlen ein. In den meisten Bezirken akzeptierten die Teilnehmer der Runden Tische allerdings, dass die Organisation der Wahlen in den Händen der staatlichen Institutionen und damit in denen von Altkadern verblieb. Nur an wenigen Tischen wurde eine Abwahl oder ein Austausch z. B. der

Wahlleiter angeregt bzw. ausgelöst. Andererseits halfen prinzipielle Entscheidungen einzelner Tische sowie Ambitionen von Mitarbeitern des Rates, die Wahlen an leitender Stelle vorzubereiten oder von Vornherein zu verhindern. In Suhl nahm der Runde Tisch dem Rat des Bezirkes die Führungsrolle bei den Wahlvorbereitungen von Beginn an aus der Hand. Hier stellte das am Tisch angesiedelte Bürgerkomitee beim Rat des Bezirkes den regionalen Wahlleiter sowohl für die Volkskammer- als auch für die Kommunalwahl. Die Initiativen und Vorarbeiten des Runden Tisches des Bezirkes Suhl für das Gelingen demokratischer Wahlen unterschieden sich auch anderweitig weitreichend von denen der anderen 14 Gremien. Denn in Suhl überließen die Teilnehmer am Runden Tisch den Wahlkampf nicht ausschließlich den Parteien selbst, sondern initiierten seit Februar 1990 „Wahlforen", auf denen alle Parteien vertreten waren und öffentlich ihre Standpunkte präsentierten. Da viele Bürger aufgrund der Parteienvielfalt nicht gewusst hätten, wen sie wählen sollten, hatte der Vertreter der Evangelischen Kirche am Runden Tisch, Erhard Kretschmann, bereits Ende Januar 1990 vorgeschlagen, themenbezogene Foren zu veranstalten, auf denen sich alle Parteien den jeweiligen Bürgerfragen stellen könnten. Der mit drei Stimmenthaltungen angenommene Vorschlag wurde schließlich vom Runden Tisch auf den Weg gebracht. Das erste Wahlforum, dessen Thema „Deutschland einig Vaterland – aber wie?" lautete, fand am 15. Februar 1990 statt. Unter der Moderation von Kretschmann bot es den an den Volkskammerwahlen beteiligten Parteien und Organisationen die Möglichkeit, Positionen ihrer Partei oder Gruppierung zum gewählten Thema vorzustellen. Nach Ansicht von Beobachtern sei während des Forums die Hoffnung Kretschmanns, im Wahlkampf mögen die Sachthemen im Vordergrund stehen, Realität geworden.

Auflösung der Strukturen der Staatssicherheit

Auch wenn die Tische ihre diesbezügliche Rolle unterschiedlich verstanden, befassten sich dennoch alle 15 Gremien durchgängig mit brisanten, die Auflösung der Staatssicherheit im Bezirk betreffenden, Themen. An den meisten Bezirkstischen entwickelten sie sich letztendlich zu Kernstücken der Debatten. Kaum eine Sitzung der Runden Tische der Bezirke verging, ohne dass diese Thematik nicht zumindest (kurzzeitig) berührt wurde. Wie bereits angedeutet, fanden an allen Runden Tischen der Bezirke gleiche oder ähnliche Debatten zur Stasiproblematik statt. Doch gab es auch bei diesem Kernstück der Tätigkeit der Tische nicht nur einen durchaus unterschiedlichen Umgang mit der Thematik, was Ausmaß und Tiefgründigkeit anging, sondern es fallen auch strukturelle Unterschiede auf. Während am Erfurter oder Leipziger Tisch die dort ansässigen Vertreter der Bürgerkomitees berichteten, die Ausführungen des Regierungsbeauftragten ergänzten oder Widerpart hielten, setzten z. B. der Runde Tisch von Berlin zusätzlich die bereits oben erwähnte Arbeitsgruppe „Sicherheit“ ein bzw. der Neubrandenburger Tisch eine „Arbeitsgruppe zur Untersuchung der nach innen gerichteten Tätigkeit des ehemaligen MfS“. Am Hallenser Bezirkstisch bildete sich eine „Autorisierte Gruppe“, mit der sich der hiesige Regierungsbeauftragte zur Auflösung der Staatssicherheit – z. T. im Vorfeld der Gesprächsrunden – abstimmen musste. In Halle sollten damit „offene Probleme zwischen den an der Auflösung beteiligten Partnern geklärt werden und die Vertreter am Runden Tisch durch den Rat des Bezirkes wöchentlich über den Stand der Auflösung informiert werden. Nur noch die in diesem Prozess nicht zu klärenden Fragen sind am Runden Tisch zur Entscheidung vorzulegen.“ Das heißt, es ging den Teilnehmern dieser Runden Tische zudem um eine optimale und effektive Arbeitsweise bei der Kontrolle der Stasiauflösung, die doch vielen brisant, aber auch unüberschaubar erschien.

Martin Naumann

Runder Tisch des Bezirkes Leipzig am 18. Januar 1990

Es gab aber ebenso – wie in Leipzig geschehen – Sonderfälle, was den Umgang der Runden Tische mit der Auflösung der MfS-Institutionen im Bezirk und damit die Zusammenarbeit mit den Bürgerkomitees zur Auflösung der Staatssicherheit anging. Am 24. Januar 1990 fand auf Antrag des Bürgerkomitees eine Sondersitzung des Runden Tisches des Bezirkes Leipzig statt, die sich ausschließlich mit dem Stand der Auflösung des MfS im Bezirk beschäftigte. Eine Sondersitzung eines Bezirkstisches zum Stasithema hatte es zuvor bereits in Rostock am 27. Dezember 1989 gegeben. Hier war vom Beauftragten des Vorsitzenden des Ministerrates, Rentmeister, jedoch „lediglich" ein Bericht über die Ordnung und Sicherheit zur Auflösung des ehemaligen Amtes für Nationale Sicherheit sowie zur Bildung zweier neuer Dienste für Verfassungsschutz und Nachrichtendienst gehalten worden. Die Teilnehmer hatten den Aufbau des Amtes für Verfassungsschutz sowie des Nachrichtendienstes der DDR zwar zur Kenntnis genommen, aber mit Vorschlägen und Forderungen verbunden.

Wesentlich spektakulärer waren die Ereignisse im Zusammenhang mit der Sondersitzung in Leipzig, weil sie wirkungsvoller und weitreichender waren. Diese Beratung verband sich mit anderen und nachhaltigeren Konsequenzen, zumal es hier um die Tätigkeit eines recht autark agierenden Bürgerkomitees zur Auflösung der Staatssicherheit im Bezirk Leipzig ging. In den Wochen vor der Sitzung am 24. Januar 1990 hatte das Bürgerkomitee alle Versuche der Vereinnahmung abgewehrt und sich bei Entscheidungen von größerer Tragweite immer an den Runden Tisch des Bezirkes gewandt.

Da die Auflösung des MfS/AfNS dennoch nur schleppend voranging, beschloss das Bürgerkomitee, sich an den Runden Tisch des Bezirkes Leipzig zu wenden. In einem Antrag an das Gremium, den sowohl der Regierungsbeauftragte als auch der Sonderbeauftragte des Chefs der BDVP unterstützten, wurde gefordert, „eine gesonderte Sitzung des Runden Tisches durchzuführen, auf der über den Stand der Auflösung öffentlich Rechenschaft abgelegt werden sollte". Daraufhin legte der Runde Tisch fest, dass die Sonderberatung für den 24. Januar 1990 im ehemaligen Gebäude des MfS/AfNS anberaumt werden sollte. Diese Sitzung, an der auch viele Vertreter der örtlichen Presse teilnahmen, moderierte Propst Hanisch. Zu Beginn der Beratung gab das Bürgerkomitee einen Bericht über seine Entstehung und Arbeitsweise sowie zu den bis dahin erreichten Arbeitsergebnissen. Die wohl wichtigste Entscheidung, die der Runde Tisch des Bezirkes Leipzig an diesem Tag traf, bestand darin, dass das Bürgerkomitee über die Aktensicherung und die Kontrolle der Auflösung hinaus das Mandat erhielt, sich auch mit der Aufdeckung der Arbeitsweise und der Strukturen des MfS zu befassen. Diese

Legitimation durch den Runden Tisch war nach Ansicht eines seiner Mitglieder, Tobias Hollitzer, „die wichtige Grundlage der weiteren Tätigkeit vor allem immer dann, wenn es um Untersuchungen und Kontrollen außerhalb der Staatssicherheit ging, beispielsweise bei der SED/PDS oder der Abteilung Inneres der örtlichen Räte."

Zu diesem Zeitpunkt übergab der ehemalige Stellvertreter für Aufklärung und Leiter der für die Auslandsspionage zuständigen Abteilung XV in Leipzig, Claus Brüning, ein von ihm verfasstes Papier mit „Gedanken zur Aufklärung". Mit diesem und einer Rede versuchte er, die Vertreter des Runden Tisches zur Vernichtung der Akten seiner Abteilung zu bewegen. Die Teilnehmer der Sondersitzung des Runden Tisches befanden jedoch, dass eine Entscheidung zur Aktenvernichtung so weitreichend wäre, dass sie nur durch die neu zu wählende Volkskammer getroffen werden könne. Wie bekannt ist, wurden die Akten der Hauptverwaltung Aufklärung während dieser Zeit DDR-weit weitestgehend vernichtet. In Leipzig gelang dies durch die hier beschriebene Unterstützung des Runden Tisches (so gut wie) nicht. Außerdem befand der Runde Tisch am 24. Januar darüber, dass das Bürgerkomitee zukünftig im Falle von Rehabilitierungsverfahren für die leihweise Herausgabe von Gerichtsakten zuständig sei. Der Regierungsbeauftragte Rosentreter übergab darüber hinaus nach längerer konfliktreicher Diskussion eine Liste mit den Anschriften der Dienst- und Erholungsobjekte des MfS im Bezirk Leipzig.

Auf der folgenden regulären Beratung des Runden Tisches des Bezirkes Leipzig informierte Propst Hanisch über die Sondersitzung, beschwerte sich jedoch über die geringe Teilnahme der Mitglieder des Runden Tisches. Der Vertreter des Bürgerkomitees am Tisch, Christian Scheibler, berichtete an diesem Tag ausführlich über Probleme im Zusammenhang mit der Tätigkeit der Aktenkontrollkommission. So sei der endgültige Einlagerungsort der Akten noch nicht klar. In der Kommission würden auch noch immer nicht alle Vertreter des Runden Tisches mitarbeiten. Die Fehlenden forderte Scheibler an dieser Stelle zur Mitarbeit auf. Außerdem teilte er mit, dass seitens des Bürgerkomitees der Bevölkerung noch keine Einsicht in die Unterlagen gewährt worden sei. Er informierte weiterhin über die Anzahl der ehemaligen Objekte des MfS/AfNS. Über alle ehemaligen Objekte, einschließlich der konspirativen Treffs (Wohnungen, Garagen u. a.) seien Listen erstellt worden, welche die Adressen, aber aus Sicherheitsgründen keine Namen enthalten würden. Im Bereich des Post- und Fernmeldewesens gebe es erhebliche Probleme bei der Aufklärung des tatsächlichen Sachstands. Flächendeckende Abhörung sei vorhanden gewesen, die dafür notwendige Technik angeblich demontiert bzw. betriebsunfähig gemacht. Dieser Bericht machte aber auch deutlich, dass die Tätigkeit des Bürgerkomitees trotz noch anstehender Probleme seit der Sondersitzung forciert werden konnte. Rita Sélitrenny, Vertreterin der Initiative Frieden und Menschenrechte an den Runden Tischen des Bezirkes und der Stadt Leipzig, aber auch Mitglied des Bürgerkomitees bemerkte rückblickend, dass das Bürgerkomitee trotz aller Eigenständigkeit die Autorität der Runden Tische gebraucht habe, ihrer Meinung nach jedoch weniger die des Bezirks-, sondern mehr die des Stadttisches.

In Hinblick auf die Tätigkeit der Runden Tische bei der Auflösung der Staatssicherheit stellte auch das betreffende Gremium des Bezirkes Neubrandenburg einen Sonderfall dar. Nach Ulrich von Saß, einem Vertreter der evangelischen Kirche am Tisch, bestand die Besonderheit darin, dass bereits nach der ersten Sitzung des Runden Tisches am 7. Dezember 1989 die Möglichkeit zur Einsicht in MfS-Akten angeboten werden konnte. Am 11. Dezember habe hierfür der Aufruf in der Zeitung gestanden. Das sei durch die „Arbeitsgruppe zur Untersuchung der nach innen gerichteten Tätigkeit des ehemaligen MfS“ des Runden Tisches ermöglicht worden, die Ulrich von Saß geleitet habe. Er sei praktisch beauftragt worden, die Gründung der AG am Runden Tisch auf den Weg zu bringen und die neuen Gruppierungen aufzufordern, je einen Vertreter in die Arbeitsgruppe zu entsenden. Diese AG habe die Stasihinterlassenschaft kontrollieren und die Aktenbestände sichern sollen. Wegen einzelner Kompetenzüberschreitungen von Stasioffizieren sei ihnen auch eine Staatsanwältin an die Seite gestellt worden. Dem Runden Tisch habe man regelmäßig Sachstandsberichte geliefert. Mit einem Abschlussbericht sei die Arbeit schließlich beendet worden. Darin ging es nach von Saß um die Fragen: „Was hat das MfS im Bezirk mit welchen Leuten gemacht? Wer hat eine Akte?“ Nach seiner Meinung war der Bericht insofern „das erste Sachbuch [über das MfS], wenn man so will. Das war der erste Versuch zu beschreiben, was da gelaufen ist.“

Auch die Möglichkeit für Bürger, relativ zeitnah Einsicht in die eigene Akte zu erhalten, habe es in den anderen Bezirken nicht gegeben. Die Beteiligten hätten zudem vom ersten Tag an klare Datenschutzregeln aufgestellt, weil sie nicht „illegitime[s] Wissen praktisch umschaufeln und an andere weitergeben“ wollten. Jeder sollte nur das bekommen, was ihm gehörte. Sie seien damals auch noch davon ausgegangen, dass die Akten nach einer Sichtung durch die Betroffenen hätten vernichtet werden können – wenn jemand gemeint habe, das müsse es von ihm nicht geben, das sei nicht legitim. Der Aktenumgang sei bis zum 18. März 1990 auf diese Art und Weise praktiziert worden. Bis dahin habe es 180 Anträge auf Akteneinsicht gegeben; Akten seien vorzugsweise an Personen herausgegeben worden, die sich in besonderer Weise betroffen gefühlt hätten. Als dann die Akteneinsicht per Gesetz vorbereitet wurde, hätten die Erfahrungen aus Neubrandenburg eine große Rolle gespielt. Die Arbeitsgruppe habe während ihrer Tätigkeit „zwei Instanzen im Rücken“ gehabt. Ordnungspolitisch sei es der Runde Tisch gewesen, machtpolitisch der Demonstrationszug, „der nicht kam, weil wir da waren. Das war auch unser Druckmittel [gegenüber den Stasioffizieren]: Wenn wir gehen, kommen die anderen. Das war das Einzige, was wir hatten.“ Später sei es aber auch zu Kooperationen mit den MfS-Mitarbeitern gekommen. Als der Beschluss „Kein Geheimdienst mehr“ ergangen sei und die Auflösung des Staatssicherheitsdienstes endgültig festgestanden habe, habe man Mitte Januar 1990 zusätzlich ein Bürgerkomitee gebildet, das für die gesamte Auflösung zuständig gewesen sei. Letztendlich hätten sich zwei Personen aus der AG mit den inhaltlichen Fragen, der Antragsarbeit und der Akteneinsicht, beschäftigt und zwei andere des Bürgerkomitees mit den konspirativen Objekten und der Auflösung an sich. Alles in allem verdeutlichen die hier aufgeführten Beispiele, dass die Kontrolle über die Auflösung der MfS-Dienststellen in den Bezirken trotz aller Einschränkungen eine der größten Leistungen der Bezirkstische war.

Länderbildung

Eine ganz besondere Bedeutung beim Übergang von der zentralstaatlichen Verwaltung der SED-Diktatur zur föderalistischen Struktur des vereinten Deutschlands kam vor allem den Runden Tischen der Bezirke Dresden, Leipzig und Karl-Marx-Stadt zu. Nach Auffassung von Beteiligten habe man ausgehend von Dresden einen Sonderweg eingeschlagen, den es in dieser Form in keinem anderen späteren neuen Bundesland gegeben habe. So berichtete Erich Iltgen, Moderator am Runden Tisch des Bezirkes Dresden, dass dieses Gremium eigentlich nur drei Aufgaben nachgegangen sei: Neben der Kontrolle der Bezirksregierung und der Begleitung des Bürgerkomitees bei der Besetzung der Staatssicherheit habe man sich vor allem mit der Bildung des Landes Sachsen beschäftigt. Nach Iltgens Erinnerung wurde über die Länderstrukturen erstmalig am Runden Tisch des Bezirkes gesprochen. Der damalige Bezirksratsvorsitzende Siebert habe dieses Interesse überraschenderweise sehr intensiv unterstützt. Doch hätten sich auch andere Mitarbeiter beim Rat, und zwar in Zusammenarbeit mit den Räten in Karl-Marx-Stadt und Leipzig, umfassend und nachdrücklich mit Vorbereitungen zur Länderbildung beschäftigt. Jeder habe praktisch versucht, „die Bildung des Landes Sachsen für sich zu reklamieren“.

Die in die Arbeit des Dresdner Bezirkstages einbezogene Bürgerrechtsfraktion, der in diesem Zusammenhang ins Bezirkstagpräsidium gewählte Moderator des Runden Tisches des Bezirkes Dresden, Iltgen, und eine um Arnold Vaatz gebildete Gruppe von CDU-Reformern konnten schließlich im April 1990 verhindern, dass die Räte der Bezirke Leipzig, Karl-Marx-Stadt und Dresden die machtrelevanten Vorbereitungen zur Schaffung des Landes Sachsen durch die Bildung eines „Kuratoriums Land Sachsen“ an sich rissen. Eine dafür geplante Zusammenkunft von Vertretern der drei Räte, der Vertreter der Bezirkstage, der Moderatoren der Runden Tische der Bezirke, von Persönlichkeiten des öffentlichen Lebens und Chefredakteuren der bezirklichen Publikationsorgane am 18. April 1990 in Meißen fand durch Interventionen Iltgens und der Gruppe um Vaatz letztendlich nicht statt.

Seither nahmen die drei Runden Tische die Vorbereitungen für die Bildung des Freistaates Sachsen in die Hand. Federführend war hier der Runde Tisch des Bezirkes Dresden. Angesichts des Kompetenzgerangels schlug Iltgen Ende April 1990 sowohl dem Runden Tisch als auch dem Bezirkstag die Gründung eines Koordinierungsausschusses zur Bildung des Landes Sachsen vor. Nach entsprechenden Vorarbeiten des Dresdner Tisches konstituierte sich der Koordinierungsausschuss der drei sächsischen Bezirke im Mai 1990. Geleitet wurde er von Arnold Vaatz. Der Ausschuss, der infolge des Konzeptes einer zentralen Länderbildung der DDR-Regierung institutionell an das Amt des Dresdner Regierungsbeauftragten Siegfried Ballschuh angebunden werden musste, prägte in der Folge die Geschicke des Landes bis zu den ersten Landtagswahlen wie kaum eine zweite Institution. Dabei verstand er sich nicht als demokratisch legitimiertes, sondern als ein per Akklamation eingesetztes Gremium, dessen Ziel es war, sich möglichst bald selbst überflüssig zu machen. Er sollte „Treuhänder des öffentlichen Willens sein, der die Macht unbefugtem Zugriff entziehen und der Demokratie den Weg bereiten wollte“.

Was die damalige Entwicklung anging, erinnerte Iltgen Folgendes: „Aber nun kam ein anderes Problem. In Berlin wurden plötzlich Landesstrukturbeauftragte eingesetzt, die genau das in den Bezirken machen sollten. Jetzt gab es den Landesstrukturbeauftragten und es gab den Koordinierungsausschuss. Der nächste Streit war programmiert. In Sachsen wurde das nun so gelöst, dass zwar der Landesstrukturbeauftragte von der Volkskammer eingesetzt, der Koordinierungsausschuss aber in der Eigenständigkeit geblieben war. Das bedeutete, dass alle weiterarbeiten konnten. Das begleitete auch ein Stück der Runde Tisch. Als schließlich alles in Bahnen war und die Probleme beseitigt waren, kam der Antrag auf Auflösung des Runden Tisches. Nun tauchte bei mir ein Problem auf: ‚Wer informiert jetzt die Öffentlichkeit?‘ Denn es war ja das Vermächtnis des Jahres 1989, das Land zu gründen. Das sollte aber nicht wieder in

Beamtenstuben stattfinden. Daraufhin habe ich das ‚Sächsische Forum' gegründet. Gemeinsam mit dem Strukturbeauftragten habe ich öffentliche Foren durchgeführt."

Demnach trat der Runde Tisch des Bezirkes Dresden am 12. Juli 1990 ein letztes Mal zusammen. Auf dieser Sitzung beschlossen die Teilnehmer die Gründung des „Sächsischen Forums". Nach der Auflösung des Tisches lag die Macht, soweit sie die Bildung der Landesstrukturen betraf, praktisch ausschließlich in der Hand des Koordinierungsausschusses, dessen öffentliche Kontrolle nicht mehr in der des Dresdener Tisches, sondern in der des „Sächsischen Forums". Am 26. Juli tagte Letzteres zum ersten Mal als „Kommunikations- und Kontrollorgan" unter der Leitung von Iltgen. Mit dem Sächsischen Forum sollte „die Tradition und die demokratische Kultur des Runden Tisches bewahrt und fortgesetzt" werden. Das „Sächsische Forum", „ein in Ostdeutschland einzigartiges Medium der Transparenz des Verwaltungshandelns", stand „allen interessierten Parteien, basisdemokratischen Gruppen, Verbänden und Vereinen sowie allen Bürgern Sachsens offen. Es ist nicht als ‚Vorparlament' mit legislativen Befugnissen gedacht, sondern als Partner der Regierungsbeauftragten und Koordinierungsausschüsse in den drei sächsischen Bezirken. Es soll alle Schritte zur Bildung des Landes Sachsen begleiten, diskutieren, kontrollieren und bekanntmachen." Die eingeforderte Transparenz des Forums konnte jedoch nicht immer und in allen Bereichen, vor allem aber nicht bei Personalentscheidungen, erzielt werden. Ließ der Koordinierungsausschuss doch offenbar nur so viel Einblick in seine Arbeit zu, wie es seinen Zielen diente. Insofern kann das „Sächsische Forum" nur als eingeschränkte Kontrollinstanz bezeichnet werden. Dennoch erfüllten beide, von Mitgliedern des Runden Tisches des Bezirkes Dresden initiierte Gremien, sowohl der Koordinierungsausschuss als auch das Forum, ihren prinzipiellen Zweck.

Ein solch ausgeprägtes Engagement für die Länderbildung fand sich an den anderen Bezirkstischen nicht, auch wenn an einigen Tischen wie beispielsweise an denen in Thüringen, vor allem in Erfurt, daran Interesse bestand und Initiativen geplant wurden.

Bildungsfragen

Zu den Schwerpunktthemen der Runden Tische gehörten auch Fragen zum Bildungswesen, insbesondere zur konkreten Situation an den Schulen in den jeweiligen Regionen. Das von den Teilnehmern zu bearbeitende Aufgabenspektrum erstreckte sich von der Erarbeitung bildungspolitischer Grundsätze zur Neugestaltung des Bildungswesens über die Entideologisierung des Unterrichts unter Einschluss der Abschaffung oder Ersetzung von Unterrichtsfächern bis hin zur Reorganisation der außerunterrichtlichen Freizeitgestaltung, von der Neuregelung des Aufbaus von Bildungsgängen und ihres Zugangs über die Eignung von Teilen der Lehrerschaft bis hin zur Mittagsversorgung der Schüler. Gemeinsam ist allen Runden Tischen der Bezirke auch, dass die Ratsvorsitzenden bzw. andere Vertreter des Rates des Bezirkes, beispielsweise der Bezirksschulrat, über die diesbezügliche Situation im Bezirk an den Tischen berichteten. Dabei ging es z. B. konkret um die Aus- und Absetzung des Wehrkundeunterrichts, die Umprofilierung von Staatsbürgerkunde in Gesellschaftskunde, die Einführung des fakultativen Fremdsprachenunterrichts ab der 5. Klasse sowie um die Vorbereitungen des Leistungsklassensystems ab dem 9. Schuljahr. Die Bezirksfunktionäre informierten aber auch über Streiks an Schulen, die teilweise mit tätlichen Angriffen auf Lehrer verbunden gewesen seien.

Manche Tische diskutierten alle Probleme im Gremium, andere gründeten Arbeitsgruppen bzw. -gemeinschaften „Bildungswesen", die regelmäßig ihre Arbeitsergebnisse am Tisch vortragen mussten, mitunter gefolgt von langwierigen Auseinandersetzungen. So entzündete sich beispielsweise am Runden Tisch des Bezirkes Neubrandenburg im Anschluss an den Bericht des Sprechers der Arbeitsgruppe vom 8. Februar 1990 eine heftige Debatte, da die Arbeit der AG die Rundtischteilnehmer nicht habe befriedigen können. Folgende Themen blieben nicht oder nur unvollständig gelöst im Raum stehen: die nicht erkannten Grundprobleme der Lehrer; die Nichtbeachtung der Hinweise und Festlegungen des Runden Tisches durch die Schuldirektoren; das Stellen der Vertrauensfrage durch die Direktoren; die Frage von Entlassungen; die Fortsetzung der Schülerversorgung; der Mangel an einer Vereinbarung zur Eingliederung der Krippen in die Volksbildung; die Auflösung oder Fortführung des Hortbetriebes. Daraufhin wurden entsprechende Anträge gestellt und vom Gremium beschlossen: Die AG „Bildungswesen" arbeite weiter, die Fragen ihrer Kompetenzen sind zu „vertiefen", ein Arbeitsprogramm sei von ihr vorzulegen, ein Statut müsse erarbeitet, ein Kontrollorgan gebildet werden.

Andere Tische initiierten sog. Runde Tische des Bezirkes für Bildung, z. B. in Halle oder Frankfurt/Oder, oder Runde Tische für Bildungsfragen, u. a. in Erfurt. Diese thematischen Runden Tische leisteten de facto die Arbeit von Arbeitsgruppen. In Halle entwickelte dieses Gremium Konzepte und Beschlussvorlagen, die dann aufgrund der Brisanz erneut am Runden Tisch des Bezirkes besprochen wurden. Die Tatsache, dass die Neugestaltung des Bildungswesens an den Runden Tischen zu den zentralen Themen gehörte, vielfach entweder eigenständige Runde Tische für Bildung oder zumindest entsprechende Unterkommissionen eingerichtet wurden, zeigt nicht zuletzt den Stellenwert, den der Bereich öffentlicher staatlicher Erziehung und Bildung im Selbstverständnis der Bürgerbewegung für den gesellschaftlichen Erneuerungsprozess hatte.

Umweltproblematik

Eine Reihe Runder Tische der Bezirke befasste sich zudem mit Umweltproblemen in ihren Regionen – zum einen speziell mit den konkreten Umweltschäden und -belastungen vor Ort, zum anderen mit anstehenden strukturellen Erfordernissen. So verlangte beispielsweise die Grüne Liga am Bezirkstisch von Halle per Antrag die Bildung eines Umweltamtes, dem einstimmig zugestimmt wurde. Außerdem empfahlen sie dem Rat des Bezirkes, die erforderlichen Maßnahmen abzustimmen und festzulegen. Für den Aufgabenschwerpunkt „Ökologie" wurden mitunter Arbeitsgruppen geschaffen, die sich in ihrer Tätigkeit mit dem Rat des Bezirkes absprechen sollten und dem Runden Tisch Bericht erstatten mussten. So berichtete beispielsweise ein Mitglied der Arbeitsgruppe Ökologie am Runden Tisch des Bezirkes Halle über die Entwicklung der Emission von Schwefeldioxid und Schwermetallstaub in den Territorien Eisleben und Hettstedt. Das Gremium entschied daraufhin, dass die dort lebenden Bürger durch den Verursacher, das Mansfeld-Kombinat, in Abstimmung mit den örtlichen Staatsorganen in geeigneter Form über die vorhandenen Bodenschadstoffe zu informieren seien. Außerdem wurden Terminvorstellungen zur Vorlage eines erforderlichen Programms zum schrittweisen Abbau der Schadstoffe mehrheitlich bestätigt. Hinsichtlich langfristiger Überlegungen zur Sanierung der Umwelt gelangte man schnell zu der Einsicht, dass nicht alle Anliegen (kurzfristig) zu realisieren waren. So musste der Antrag der Hallenser Arbeitsgruppe „Ökologie" zur Einforderung zusätzlicher Mittel per Sonderregelungen gegenüber der Regierung für die Sanierung der Umwelt im Bezirk Halle nach umfangreicher Diskussion zur Überarbeitung in die AG zurückverwiesen werden. Die Rundtischteilnehmer seien sich zwar einig gewesen, dass das Anliegen des Antrages unbedingt unterstützt und ständig auf Veränderungen der Umweltsituation im Bezirk Halle gegenüber der Regierung gedrungen werden müsse. Probleme würden sich jedoch darin zeigen, wie die Forderungen des Antrages in die Praxis umzusetzen sind.

Hatten sich die Teilnehmer am Runden Tisch des Bezirkes Halle mit der Umweltbelastung durch die Chemieindustrie vor Ort auseinanderzusetzen, so waren es am Runden Tisch des Bezirkes Karl-Marx-Stadt Probleme, die sich aus den hier ansässigen Standorten der Sowjetisch-Deutschen Aktiengesellschaft (SDAG) Wismut ergaben. In erster Linie wurden von den Rundtischteilnehmern damit verbundene Probleme des Strahlenschutzes im Bezirk diskutiert. Hierbei ging es um die radioaktiven Altlasten durch den Uranbergbau der SDAG Wismut und um die damit im Zusammenhang stehenden Umweltbelastungen sowie Gesundheitsrisiken. Fest stand, dass die Halden radioaktiv belastet waren. Deshalb sollte der Zugang der Bevölkerung zu den Halden und die missbräuchliche Verwendung des Haldenmaterials durch Privatpersonen und Baubetriebe zukünftig verhindert werden. Außerdem wurden Lang- und Kurzzeitmessungen besonders des radioaktiven Gases Radon, z. B. auch in Wohnhäusern, vorgenommen. Darüber hinaus verlangten die Rundtischteilnehmer die Offenlegung der zukünftigen Pläne der SDAG Wismut und forderten den Rat des Bezirkes auf, kurzfristig eine Konzeption zur Altlastenerfassung und Sanierung vorzulegen. Damit hatte der Runde Tisch gemeinsam mit den zuständigen Behörden klare Maßnahmen zur Bekämpfung der Umweltbelastung im Bezirk auf den Weg gebracht, deren Umsetzung und Kontrolle lag aber nicht mehr in seiner Obhut.

Dagegen konnten in Leipzig dringend erforderliche Maßnahmen, wie z. B. zum Stopp der Arbeiten im Tagebau Cospuden, von Teilnehmern des Runden Tisches zu einem gewissen Ende gebracht werden. Dabei war allen Beteiligten bewusst, dass ein kurzfristiger Auslauf der dort angesiedelten Kohleförderung nicht nur Vorzüge in Hinblick auf die Umweltsituation, sondern auch Arbeitsplatzverluste unter der Bergbauarbeitern mit sich bringen würde. Ein entsprechendes Konzept sollte deshalb auch ein Sozialprogramm für die Kumpel einschließen. Während der letzten Sitzung des Runden Tisches des Bezirkes Leipzig am 22. Mai 1990 sprach wiederholt der stellvertretende Leiter des Büros für Bergbauangelegenheiten beim Rat des Bezirkes zum Stand der Dinge: Im Ergebnis der letzten Beratungen mit dem Ministerium für Umwelt, Naturschutz, Energie und Reaktorsicherheit am 11. Mai 1990 und mit der im Auftrag der Regierung arbeitenden Expertengruppe zur Tagebauentwicklung hätten sich folgende Positionierungen zur Tagebauentwicklung Cospuden ergeben: Von der Braunkohlenindustrie werde die Einstellung des Vorschnittes des Tagebaues Mitte 1991 und der Kohleförderung Ende 1991 vorgeschlagen. Unter dieser Zielstellung werde das Braunkohlenwerk Borna eine Auslaufkonzeption vorlegen. Bis zum 30. Juni 1990 erfolge eine Fixierung der endgültigen Abbaukante durch den Rat des Bezirkes unter umfassender Öffentlichkeitsbeteiligung. Zielstellung bleibe die schnellstmögliche Stilllegung des Tagebaues und Wiedernutzbarmachung des Restloches als Erholungszentrum. In der sich anschließenden Diskussion wurden viele Fragen erläutert und geklärt. Streitpunkt war erneut die Wahrnehmung der Verantwortung für die soziale Sicherstellung der Kumpel. Man war sich allerdings darin einig, dass dafür nicht der Rat des Bezirkes, sondern das Braunkohlekraftwerk Borna zuständig sei. Trotz der noch offenen Fragen konnten die dafür eingetretenen Rundtischteilnehmer feststellen, dass sich der Runde Tisch im Zusammenhang mit dem Stopp der Arbeiten im Tagebau Cospuden durchgesetzt habe: Schließlich waren die Abräumarbeiten zum 20. April vorerst eingestellt worden, das Ende der Tagebauarbeiten absehbar.

Michael Weber, der an dieser Entscheidung maßgeblich beteiligt war, erinnerte sich an die zahlreichen Diskussionen und sagte im Rückblick dazu: „Das ist übrigens das Thema gewesen, bei dem die Bürgerbewegungen beharrlich geblieben sind, weil wir den Eindruck hatten und das auch so in der Öffentlichkeit so wahrgenommen worden ist, dass es eigentlich eine Unverschämtheit ist, dass sich nichts tut. Man tat so, als wäre nichts, und die Bagger arbeiteten weiter. Das war bei aller Friedfertigkeit der Leipziger als Unverschämtheit wahrgenommen worden. Deshalb musste das einfach durchgesetzt werden." Rita Sélitrenny, Vertreterin der Initiative für Frieden und Menschenrechte am Tisch, ergänzte zur Problematik: „Ja, die [Kumpel] hatten natürlich auch Angst um ihre Arbeitsplätze und da standen das erste Mal wirklich grüne Interessen, also saubere Luft vs. Arbeitsplätze, da hat es richtig harte Kämpfe darum gegeben. Das war also der zentrale Punkt, und dann gab es immer wieder die Diskussion, wenn denn zugemacht wird, was wird danach mit dem Territorium; und da kursierten damals die verschiedensten Varianten: Freizeitpark oder einfach nur Aufforsten oder Seenlandschaft. Das ist schon damals andiskutiert worden und am Ende ist es ja tatsächlich dazu gekommen, eine gemischte Freizeit- und Seenlandschaft."

Die praktische Zusammenarbeit mit den staatlichen Institutionen

Nach den Demonstrationen vor der Volkskammer am 11. Januar 1990, der „Erstürmung" der MfS-Zentrale in Berlin am 15. Januar 1990 und der erzwungenen Erklärung der Modrow-Regierung zur Auflösung der Staatssicherheit erweiterten sich nicht nur die Funktionen des Zentralen Runden Tisches der DDR, sondern er ließ auch seine im „Selbstverständnis" formulierte Position endgültig weit hinter sich.

ullstein bild, 01116564

Ulrike Poppe (Demokratie Jetzt), Reinhard Schult, Ingrid Köppe, Rolf Henrich (alle Neues Forum) am Zentralen Runden Tisch

Zu dieser Zeit entstand ein Machtvakuum – Ministerpräsident Modrow gab zu Protokoll, dass das Land vor einem Kollaps stehe, die sozialen Spannungen nicht mehr mit den vorhandenen politischen Strukturen beherrscht werden könnten und der gesamte Staatsapparat verunsichert sei. Ob die Ängste vor Chaos und Anarchie realistisch oder übertrieben gewesen waren, konnten viele Akteure damals kaum realistisch beurteilen. Im Gegensatz zu den PDS- und den Regierungsvertretern war es den neuen Kräften nicht möglich, die Sicherheitslage im Land einzuschätzen. Ulrike Poppe schreibt dazu in ihren Erinnerungen: „Auf die Lageberichte der Regierung konnten sie [die neuen Gruppierungen am Tisch] sich nicht verlassen. Um die beunruhigenden Meldungen, die den Runden Tisch erreichten, zu überprüfen, fehlte es an Struktur und Personal. Die Angst vor Gewaltausbrüchen war überall in der Bevölkerung groß. Man konnte sich einfach schwer vorstellen, dass eine vierzigjährige Gewaltherrschaft so widerstandslos aufgeben würde. Bei den Systemgegnern hatte sich genügend Wut und Empörung angestaut, die bei geringem Anlass auszubrechen drohte. In jenen Herbst- und Wintermonaten waren die Menschen ohnehin von überschwänglichen Emotionen und großer Unsicherheit erfüllt, die Ereignisse überschlugen sich, und das alltägliche Leben war bis in das abgelegenste Dorf aus den Fugen geraten [...]. Meldungen von der SED nahestehenden Medien über Versorgungsnöte, Gefahren von Plünderungen oder ‚neonazistische Untaten' im Zusammenhang mit diskreditierenden Beurteilungen über das ‚Palaver am Runden Tisch' schürten die Ängste vor dem Chaos. Eine Flut anonymer Briefe und Aufrufe zeugte davon, dass die Gefolgschaft des alten Regimes noch nicht aufgegeben hatte, ihre Macht zurückgewinnen zu wollen."

Aufgrund dieser schwierigen, aber vor allem unübersichtlichen Situation zog der Zentrale Runde Tisch nicht nur den Termin für die Volkskammerwahlen auf den 18. März 1990 vor, sondern stimmte am 28. Januar 1990 auch der Bildung einer „Regierung der Nationalen Verantwortung" zu. Da die Opposition die Friedfertigkeit der Revolution garantieren und die Fluchtwelle der ausreisenden DDR-Bürger stoppen wollte, gelang es ihr den „kategorischen Imperativ des Mitmachens" aufzuzwingen, d. h. sie durch moralischen Druck in die Modrow-Regierung zu manövrieren. Die bisher in der Regierung nicht vertretenen Parteien und politischen Gruppen des Runden Tisches entsandten acht Vertreter in das Kabinett, die als Minister ohne Geschäftsbereich Sitz und Stimme im Ministerrat erhielten und aktiv in dessen Arbeit, insbesondere bei der Vorbereitung wichtiger, grundlegender Entscheidungen, einbezogen werden sollten. Ihre Hauptaufgabe bestand aber vor allem darin, die Regierung zu kontrollieren und die Zusammenarbeit zwischen Zentralem Runden Tisch und Regierung zu gewährleisten. Die beabsichtigte Kontrolle war jedoch nur begrenzt möglich. Denn sie bekamen kaum Einblick in die internen Regierungsabläufe oder in die informellen Kommunikationsstrukturen und besaßen keinerlei Entscheidungsmacht über den Regierungsapparat. Dafür legitimierten sie aber umso mehr die Regierung Modrow. Letztere erfuhr durch sie eine nicht zu unterschätzende moralische Aufwertung. Endgültig besiegelt war damit der Übergang von einer schwerpunktmäßigen Wahrnehmung der Vetofunktion zur hauptsächlichen Praktizierung einer weitergehenden Steuerungsfunktion durch den Zentralen

Runden Tisch. Als politische Steuerungsinstanz blieb er seither weitgehend von der Regierung beziehungsweise vom Ministerratsvorsitzenden dominiert. Von einem Abwicklungs- oder Demontagekonzept seitens der Opposition konnte nun nicht mehr die Rede sein, sondern eher von einer zu Beginn noch abgelehnten Regierungsmitverantwortung. Karl-Heinz Arnold, der persönliche Mitarbeiter Hans Modrows, hielt dazu 1990 fest: „Der gesamte Runde Tisch kommt in die Verantwortung, und damit ist er eigentlich schon überflüssig, merkt es aber wohl noch nicht ganz."

In den Regionen und den Kommunen variierten der Umgang der Runden Tische mit den staatlichen Institutionen und die damit verbundene Machtteilhabe. Vertreter des Neuen Forums in Rostock verlangten beispielsweise bereits zu Beginn der ersten Sitzung des Runden Tisches des Bezirkes im Dezember 1989 den Rücktritt des Bezirkstages und des Rates des Bezirkes wegen deren mangelnder Legitimation. Diese Forderung wurde von den anderen Teilnehmern ebenso wenig akzeptiert wie die der CDU am Runden Tisch des Bezirkes Dresden nach den Volkskammerwahlen im März 1990, den Bezirkstag wegen Zweifeln an seiner Arbeitsfähigkeit aufzulösen. Auch der Runde Tisch des Bezirkes Leipzig konnte sich nicht durchsetzen, als er im April 1990 den Bezirkstag aufforderte die Arbeit einzustellen und erklärte, „bis zur Installation einer landesweiten Legislative für das ‚Land Sachsen' bzw. seines vorläufigen Territoriums alle Rechte und Pflichten des ehemaligen Bezirkstages Leipzig, soweit sie nicht von den Kommunen und Kreisen wahrgenommen werden", zu übernehmen. Das bezirkliche Verwaltungsorgan, der ehemalige Rat des Bezirkes, sollte demnach als Exekutive des Runden Tisches arbeiten. Derartige Überlegungen blieben Vorschläge und stellten Ausnahmen dar.

Die meisten Teilnehmer oder Gruppierungen an den Runden Tischen der Bezirke wollten die „Volksvertretungen" und Räte bewusst nicht aus ihrer Verantwortung für die Bewältigung des Alltags entlassen. Mitunter wurden sie sogar darin bestärkt, „bis zu den freien Wahlen ihre Verantwortung wahrzunehmen, um nicht zuzulassen, dass sich Anarchie breitmacht und alle wirtschaftlichen Strukturen desolat werden oder überhaupt nicht mehr funktionieren". Wie auf anderen Ebenen verstanden viele Akteure die Runden Tische der Bezirke prinzipiell auch als Beratungs- und Kontrollgremien gegenüber den Bezirkstagen und ihren Räten. Die Bezirkstage sahen sich spätestens in Umsetzung zentralstaatlicher Anordnungen seit Januar 1990 ihrerseits veranlasst, Vertreter der an den Runden Tischen präsenten neuen politischen Gruppierungen in die Arbeit der „Volksvertretungen" und der Räte einzubeziehen. Die Zusammenarbeit der Runden Tische mit den Bezirkstagen sowie mit den Räten der Bezirke war darüber hinaus geprägt von der unterschiedlichen Bereitschaft der jeweiligen staatlichen Institutionen, Mitarbeit zuzulassen, und von den konkreten Ansprüchen der Mitglieder der Runden Tische an die Mitarbeit.

Gemeinsam ist allen 15 Tischen, dass die Ratsvorsitzenden bzw. andere oder ständige Vertreter der Räte regelmäßig über die Situation und die Entwicklung in den Bezirken informierten, mitunter zu ausgewählten Zuständigkeitsbereichen wie z. B. über die der Bezirksschulräte, -baudirektoren oder -ärzte. Der Berliner Tisch erwartete beispielsweise monatlich einen schriftlichen Bericht vom Magistrat über Schwerpunktfragen, die sich in den ersten Wochen seiner Tätigkeit herauskristallisiert hatten. Dabei ging es konkret um den Stand und den Fortgang der Konzeption für Stadt- und Verkehrsentwicklung, um die Wohnungspolitik, die Vergabe von Gewerbegenehmigungen, Umschulungsmaßnahmen, die Arbeitskräftelage, die Ausländerproblematik, um die Vorruhestandsregelung, die Absicherung von Arbeitsplätzen für Auszubildende und nicht zuletzt um eine spezielle Konzeption für die Eingliederung von Invalidenrentnern und leistungsgeminderten Bürgern.

Am Rostocker Bezirkstisch war es der Ratsvorsitzende persönlich, der vorschlug, zu jeder Sitzung einen Bericht zur Lage zu bringen. Dazu haben ihn mehrere Gründe bewogen, die er rückblickend wie folgt erläuterte: „1. Es war ja ganz schnell zu erkennen gewesen, dass einige Vertreter am Runden Tisch – jedenfalls genug – selbst gefangen waren in irgendwelchen Nischen, festgelegt in bestimmten Erwartungshaltungen. Und ich wollte, dass die Vertreter am Runden Tisch über alle Vorgänge bis hin zu den Brandandrohungen gegenüber dem Kernkraftwerk informiert sind und dass sie Politik machen oder lernen, Politik zu machen, und nicht nur ihre unmittelbaren Bedürfnisse zu artikulieren. 2. wollte ich damit auch immer wieder sagen: Ich habe euch informiert, Leute. Kommt bitte nicht und sagt, ihr hättet nichts davon gewusst. Ich habe sie sauber informiert. 3. wollte ich, dass wir die wirklich wichtigen Themen am Runden Tisch beraten. [...] Ich dachte mir schon, dass es auch meine Aufgabe ist, das wirklich Wichtige anzusprechen. Da habe ich natürlich auch über die Versorgungslage gesprochen. Es raste damals eine Streikwelle über das Land; es ging darum, die Brotlieferungen zu sichern, den Betrieb in den Krankenhäusern aufrecht zu erhalten. Da gab es Diskussionen, aber keine weiterführenden, bindenden Beschlüsse. Die sind alle davon ausgegangen: Dafür ist er ja da, der soll das mal machen – und fertig. Nun weiß ich nicht, ob sie sich darauf verlassen haben oder haben sie es einfach erwartet oder haben sie gesagt: Das ist nicht unser Thema.“

Einflussnahme und Kompetenzen

Eine Reihe der Runden Tische verfasste Beschlüsse oder versuchte, Beschlüsse vorzulegen und durchzubringen. Das gelang nicht immer und überall. So hieß es beispielsweise in einer Festlegung des Runden Tisches der Stadt Berlin: „Beschlüsse des Runden Tisches müssen ohne Verzug zu Entscheidungen des Magistrats bzw. der zuständigen StadträtInnen führen. Der Runde Tisch nimmt im Interesse des(r) BürgerInnen eine umfassende Kontrolle wahr. Folgen der Magistrat bzw. die zuständigen StadträtInnen den Beschlüssen des Runden Tisches nicht, gilt als vereinbart, dass die Stadtverordnetenversammlung sofort einberufen wird. In diesem Fall haben alle am Runden Tisch vertretenen Gruppierungen Rede- und Antragsrecht." Aus dem Gespräch mit dem Geschäftsführer der Runden Tisches, Peter Matz, ging jedoch hervor, dass die Realität anders ausgesehen hat. Der Magistrat sei zwar ab und an vom Runden Tisch beauftragt worden, doch häufig habe man auch in Berlin – meist aufgrund mangelnder Kompetenz – nur Empfehlungen aussprechen können. Andere Tische verfassten generell und von Vornherein keine Beschlüsse, sondern lediglich Empfehlungen. In Frankfurt/Oder haben die Rundtischteilnehmer sogar Empfehlungen ausgesprochen, die der Bezirkstag erst noch bestätigen musste. Franz-Peter Spiza, einer der Moderatoren am Runden Tisch des Bezirkes Schwerin, hätte sich verbindliche Beschlüsse gewünscht. Doch eigentlich habe der Rat des Bezirkes weitergearbeitet und der Runde Tisch immer nur anmahnen können. Außerdem sei die Zeit für Kontrollen und Nachfragen zu kurz gewesen. An einer Reihe der Tische fanden zu Beginn jeder Sitzung sog. Beschlusskontrollen statt. Roland Wötzel, Vertreter der SED/PDS am Runden Tisch des Bezirkes Leipzig, erinnerte sich, dass es innerhalb dieses Gremiums, wenn es zur Beschlusskontrolle gekommen sei, jedes Mal Aufregung gegeben habe, wenn „das und das nicht geworden ist", aber passiert sei daraufhin nie etwas.

Alles in allem verfügten die Runden Tische zur Umsetzung der Antragsinhalte, Empfehlungen und Beschlüsse über keinerlei exekutive Macht. Für die Teilnehmer der Runden Tische war es demnach schwierig nachzuvollziehen, ob die von den Gremien verfassten Beschlüsse oder Empfehlungen von den staatlichen Funktionären und Verwaltungen auch tatsächlich umgesetzt wurden. Der Geschäftsführer des Runden Tisches der Stadt Berlin, Peter Matz, bestätigte zum einen Kontrollmöglichkeiten seines Gremiums. Immerhin habe er stellvertretend für den Tisch und durchaus regelmäßig an den Magistratssitzungen teilgenommen. Die Kontrolle des Magistrats und des neuen Parlaments sei somit „hundertprozentig" gewährleistet gewesen. Die Stadträte hätten zu diesem Zeitpunkt ihre internen Machtstrukturen nicht mehr nutzen und allein entscheiden können, ohne dass es vom Runden Tisch bemerkt worden sei. Zum anderen sei der „normale Arbeitstag" in der Verwaltung nicht zu kontrollieren gewesen.

ullstein bild 00155990

Gespräche am Runden Tisch der Stadt Berlin im Roten Rathaus am 21. Dezember 1989

Auch Peter Willms und Günter Buchenau, zwei der drei Moderatoren am Runden Tisch des Bezirkes Halle, vertraten im Interview die Auffassung, sie hätten nachvollziehen können, ob ihre Empfehlungen oder Beschlüsse auch tatsächlich umgesetzt wurden oder nicht. Immerhin hätten die Funktionäre in der Runde darüber berichten müssen. Wolfgang Kupke, Vertreter der Grünen Partei in diesem Gremium, schränkte jedoch ein: Der Vorsitzende des Rates des Bezirkes habe zwar immer gesagt, er halte sich an das, was am Tisch beschlossen wird. Ob er das wirklich gemacht habe, sei jedoch nicht überprüft worden.

Ähnlich erinnerte sich Hans-Christoph Sens für Magdeburg. Er habe den Runden Tisch immer mehr als ein beratendes Gremium für die im Rat des Bezirkes zuständigen Personen empfunden. Wobei beratend – seiner Auffassung nach – schon ziemlich verbindlich gewesen sei. Die Runde habe aber nicht über die Möglichkeit verfügt, Beschlüsse durchzusetzen. Sie habe sich von den Vertretern des Rates des Bezirkes regelmäßig berichten lassen, wie die Beschlüsse des Runden Tisches umgesetzt worden seien, wie der Stand gewesen sei. Aber die Runden Tische hätten diese Aussagen auch nicht kontrollieren können. Doch was der Runde Tisch damals empfohlen habe, hätte man eigentlich nicht gewagt umzustoßen, jedenfalls nicht öffentlich. Johann-Georg Jaeger, Vertreter des Neuen Forums am Rostocker Bezirkstisch, meinte auch, dass der Tisch eher ein beratendes Gremium gewesen sei: „Wir äußerten dort Meinungen, und die wurden bestenfalls freundlich zur Kenntnis genommen." Die staatlichen Institutionen und die Umsetzung der Empfehlungen habe man nicht wirklich zu kontrollieren vermocht. Dort hätten immerhin über hundert Leute gearbeitet: „Wenn man einer riesigen Behörde gegenübersteht und sich ein oder zwei Mal im Monat getroffen hat, dann war das viel zu selten, um etwas machen zu können." Man habe lediglich das Gefühl gehabt, „ein paar Nadelstiche setzen und ein bisschen nerven" zu können.

Möglichkeiten der Kontrolle und der Einflussnahme auf Entscheidungen der Räte blieben demnach für viele Rundtischvertreter, vor allem für die Vertreter der neuen Gruppierungen, geringer als erhofft. Mit Sicherheit war es wichtig, den Entscheidungsträgern in den Räten der Bezirke zu signalisieren, dass sie kontrolliert werden. Auch haben nicht alle Räte diese Kontrollen unterlaufen, sondern sahen sich aufgrund ihres Autoritätsverlustes und ihrer eigenen Verunsicherung gezwungen, zumindest weitreichend zu informieren. An manchen Tischen beobachteten Vertreter der neuen Gruppierungen zudem ein ehrliches Bemühen der Staatsfunktionäre, in die Debatte zu kommen. Michael Weber, Vertreter des Neuen Forums am Runden Tisch des Bezirkes Leipzig meinte, die staatlichen Funktionäre hätten nicht einfach nur Macht demonstriert, sondern seien mehr oder minder aufrichtig bestrebt gewesen, Auskunft zu geben. Vielfach sei das nur von den neuen Gruppierungen „anders interpretiert worden – Beschwichtigungsgesten, Hinhalten, auf Zeit spielen, all diese Dinge. Man muss aber dem einem oder anderen auch Gerechtigkeit widerfahren lassen". Die Funktionäre hätten doch gewusst, dass ihnen die Macht entgleitet und sich darauf eingestellt, „damit man unter veränderten Bedingungen auch noch eine Rolle spielen kann." Demnach sei es ihnen darum gegangen, sowohl Pfründe zu sichern als auch eine ordentliche Übergabe zu vollziehen.

Natürlich hätten auch die Mitarbeiter des Rates des Bezirkes Halle ihr politisches Überleben sichern wollen, nahm auch Moderator Buchenau an, doch seien es auch zunehmend die SED-Reformer der ehemals zweiten Reihe gewesen, die agiert hätten. Der Rat des Bezirkes habe u. a. deshalb weitgehend loyal mit dem Runden Tisch zusammengearbeitet. Wie bereits beschrieben, hatten die ernsthaften Bemühungen des

Rates des Bezirkes Halle, Empfehlungen des Runden Tisches praktisch umzusetzen, aber auch das kooperative Verhalten des neuen Ratsvorsitzenden Süß, eines Pragmatikers und Wirtschaftsfachmanns, zu guten Beziehungen zwischen dem Runden Tisch und dem Rat des Bezirkes geführt. Als Pragmatiker erlebte einer der Moderatoren des Magdeburger Tisches, Hans-Christoph Sens, auch den dort agierenden Ratsvorsitzenden Siegfried Grünwald. Allerdings schränkte er ein, dass die Vertreter des Rates, bei denen – wie bereits für Potsdam beschrieben – die Geschäftsführung für die Zusammenarbeit der beiden Institutionen gelegen habe, den Runden Tisch eigentlich „auch ein bisschen benutzt haben". Er habe sich nicht vorstellen können, dass sie sich am Tisch wirklich Erkenntnisse darüber, was sie tun und lassen sollten, versprochen haben. Seiner Meinung nach brauchten die Funktionäre die Runden Tische lediglich, „um die Bevölkerung ein bisschen zu beschwichtigen, um ein Ventil zu haben. Um gewissermaßen zu zeigen, wir hören doch auf das Volk. Aber ich halte die Leute für machtbewusst genug, dass sie, solange sie Macht hatten, die Macht auch benutzt haben. Und ich persönlich mache mir nichts darüber vor, dass sie anderswo ganz anders gearbeitet und geredet haben, als gerade am Runden Tisch. Die Machtstrukturen waren ja zur DDR-Zeit und zu der Zeit nicht mehr so stabil, aber immerhin hatten sie noch die Exekutive in der Hand." Auch Franz-Peter Spiza konnte sich des Eindrucks nicht erwehren, dass der Ratsvorsitzende des Bezirkes Schwerin „ein ganzes Stück mit diesem Gremium gespielt" habe. In der Erinnerung des Moderators am Runden Tisch war der Chef des Rates des Bezirkes allerdings auch „ein sehr kommunikativer Mensch" gewesen, der am Runden Tisch den Anschein erweckt habe, dass er kooperativ und offen für alle Fragestellungen sei.

Ein solch komplexes Bild ergibt sich auch, wenn man ehemalige Teilnehmer des Rundes Tisches des Bezirkes Potsdam über die Vertreter der Räte sprechen hört. Hans-Joachim Schreckenbach vom Kulturbund konnte beispielsweise nicht beurteilen, welche Motive den Rat des Bezirkes Potsdam und seine leitenden Mitarbeiter bewogen haben, „konstruktiv und kooperativ mit dem Runden Tisch zusammen zu arbeiten". Nach seiner Auffassung haben es „die Einsicht in die Notwendigkeit von Änderungen im Gesellschaftssystem und von Reformen in der Verwaltungsstruktur" gewesen sein können, aber auch das Bestreben, „durch eine positive Mitarbeit die persönliche Existenz zu sichern". Peter Matz vom Berliner Tisch stellte sich im Interview wiederholt selbst die Frage: „Wie viel Kontrollfähigkeit, wie viel Machtmöglichkeit hatten wir? Uns haben Themen eingeholt, überholt, und wir waren nicht in der Lage, sie umfangreich, sachdienlich, tief und auch nachher für die Perspektive allgemeingültig zu durchleuchten. [...] Was wir gesehen haben, haben wir ja bewältigen können. Aber was wir nicht mitgekriegt haben, was neben uns lief …"

Steffen Reiche aus Potsdam formulierte das noch drastischer. Neben der Tatsache, dass es den Vertretern des Rates mit Sicherheit recht gewesen sei, „dass man die Dinge, die man dort [am Runden Tisch] gemeinsam miteinander verabredet hat, auch besser gemeinsam nach außen vertreten konnte", hätten diese auch Entscheidungen ohne den Runden Tisch getroffen, „damit sie eigene Pfründe retten konnten, dass sie Dinge vorbereiten konnten, die ihnen für danach gute Absicherungen ermöglichten". Auf die Frage, ob er schon damals gewusst habe, dass man durch die Zusammenarbeit am Runden Tisch den Entscheidungsträgern von SED/PDS und den staatlichen Institutionen Möglichkeiten überließ, die es ihnen gestatteten oder erleichterten, sich später in der neuen Gesellschaft etablieren zu können, antwortete Reiche: „Ja, aber noch nicht ahnend, in welchem Umfang das passieren würde. Nun, es ist nicht in dem Umfang wie in Russland passiert. Aber es war klar, wer an den Schalt- und Machtstellen saß, hatte eben den größeren Überblick, hatte den schnelleren Zugriff. In der Euphorie an den Runden Tischen glaubte man natürlich, noch vieles lange nach dem Runden Tisch wieder korrigieren zu können." Auch nach Brigitta Wurschis Meinung, Vertreterin des Neuen Forums am Runden Tisch des Bezirkes Suhl, konnten die Funktionare trotzdem „unter der Hand machen, was sie wollten". Ihr Eindruck sei gewesen, dass „unter der Hand viele viele Dinge längst geklärt waren und wir das gar nicht mitbekommen haben – weder das Bürgerkomitee noch der Runde Tisch. Die haben uns abgesättigt mit ihren großen Berichten".

Franz-Peter Spiza aus Schwerin hat es schon 1989/90 sehr beunruhigt, dass man die Verantwortlichen vom Rat des Bezirkes so ungeschoren habe davongehen lassen. Man habe gemerkt, wie politisch geschult sie gewesen seien. Sie hätten die Kunst besessen, viel zu reden, aber nichts zu sagen. Die Moderatoren hätten anfangs immer wieder nachgefragt. Ab einem gewissen Zeitpunkt habe man jedoch von den Teilnehmern der neuen Bewegungen und Parteien erwartet, dass diese selbst „nachhaken", und sich ein bisschen zurückgenommen. Aber auch, wenn man bemerkt habe, dass die Teilnehmer immer mutiger wurden, so hätte er sich doch „ein bisschen mehr Aggressivität gewünscht". Aus heutiger Sicht sei man „zu brav" gegenüber den staatlichen Institutionen gewesen, habe man keine Sprengkraft gehabt, nicht ausreichend Energie. Alles sei ganz ruhig verlaufen, meinte auch Birgitta Wurschi rückblickend, das Suhler Gremium sei „so ein ganz demokratischer Tisch" gewesen – „überdemokratisiert".

Viele ehemalige Vertreter der neuen Parteien und Gruppierungen beklagten aber vor allem, dass sie ihren eigenen Ansprüchen nicht wie gewünscht und erforderlich gerecht geworden seien. Als hauptsächliche Ursache hierfür sahen sie das Fehlen einer ausreichenden Anzahl kompetenter Fachleute, die eine wirksame Kontrolle auch tatsächlich hätten wahrnehmen können. Eine ganze Reihe von ihnen fühlte sich den alten Machthabern, was Sach- und Verwaltungskompetenzen anging, „unterlegen". Katrin Rohnstock, die für den Unabhängigen Frauenverband am Berliner Tisch saß, erinnerte dieses Gefühl wie folgt: „Ich war vollkommen überfordert. An diese Überforderung erinnere ich mich sehr, sehr gut. Ich sollte Stellung nehmen zu Sachen, mit denen ich mich nie beschäftigt hatte." Harald Terpe, Vertreter des Neuen Forums am Runden Tisch des Bezirkes Rostock, meinte, dass die Vertreter neuer Organisationen zwar in der Überzahl gewesen seien. Was aber die Verwaltungs- und Sachkompetenz anbelangt habe, seien ihnen die PDS-Mitglieder „meilenweit überlegen" gewesen. Ihnen hätten fast alle anderen nichts entgegensetzen können.

In der Kürze der Zeit habe man es gar nicht schaffen können, sich mit allen Fragen genau auseinanderzusetzen zu können. Den Rat des Bezirkes habe sie bewusst mit Papieren zugeschüttet, so dass man all das gar nicht bewältigen konnte. Doch hätten sie auch nicht die Illusion gehabt, tatsächlich alles machen zu können, meinte auch Ulrich von Saß, Vertreter der evangelischen Kirche am Runden Tisch des Bezirkes Neubrandenburg. Konkret sah er das so: „Wir haben uns auf Schwerpunkte konzentriert, die wir für wichtig hielten. Wenn es z. B. um die Wasserversorgung ging, da waren wir nicht kompetent genug, mitreden zu können. Der hätte uns alles erzählen können. Es gab auch nie irgendwelche öffentlichen Papiere. Das war ja alles geheim. Wir hatten auch niemanden, der das gewusst hätte. Da hätten wir auch niemanden von außen heranziehen und fragen können. Wir mussten uns einfach darauf verlassen, dass die vom Rat des Bezirkes das tun, so gut sie können. Da haben wir auch nicht versucht, uns einzuarbeiten. Das wäre sinnlos gewesen." Erhard Kretschmann, Vertreter der evangelischen Kirche am Runden Tisch des Bezirkes Suhl, vertrat die Auffassung, dass man für eine Reihe von Problemen Fachleute gebraucht hätte und das seien sie – die Mitglieder der neuen Gruppierungen – alle nicht gewesen. Es seien jedoch Fachleute vom Rat des Bezirkes anwesend gewesen, die nicht über ein Stimmrecht verfügt hätten, aber mitteilen konnten: „Die und die und die Möglichkeiten gibt es." Und dann habe man praktisch entschieden, bei verschiedenen, z. B. wirtschaftlichen Fragen „auch nur aus dem Bauch heraus". Rückblickend stellt Kretschmann fest: „Aber vielleicht ist das auch nicht verkehrt. Vielleicht ist das während eines solchen Umbruchs genau richtig."

Aufgrund des Kompetenzmangels kam es auch zu folgendem Phänomen: Wenn z. B. der Rat des Bezirkes vom Runden Tisch eine Entscheidung darüber verlangt habe, wie man dies oder jenes machen sollte, habe die Antwort des Gremiums im Bezirk Leipzig meistens gelautet: „Wie immer. Oder: Wie haben Sie es denn bisher gemacht? Machen Sie es bitte wieder so." Die Teilnehmer am Tisch hätten keine Fehler machen wollen und natürlich auch Angst gehabt. Was die Sachkompetenzen anging, meinte der Vertreter der SED/PDS am Runden Tisch des Bezirkes Leipzig, Roland Wötzel, allerdings, dass es unter den neuen Kräften immer einen gegeben habe, „der in der Sache weit genug darin steckte". Auch für Götz Kreuzer, den damaligen Ratsvorsitzenden des Bezirkes Rostock, gab „eine hohe Kompetenz in Einzelsachfragen: Umweltschutz, Kernkraftwerk". Dann kam für ihn hinzu, dass man in manchen politischen Fragen, z. B. was die Stasiauflösung betraf, nicht unbedingt Ahnung vom Staatsaufbau, von militärischen und geheimdienstlichen Organisationen hätte haben müssen. „Man musste nur wissen, was man wollte."

In einer Reihe von Bezirken mangelte es grundsätzlich an (genügend) Vertretern der neuen Gruppierungen – das sei z. B. das Problem von Südthüringen gewesen. Brigitta Wurschi erinnerte sich: „Wir waren personell zu schwach. Da hätten wir ein paar Köpfe mehr gebraucht, die auch mit überlegen. [...] Da hätte man richtig tolle Leute haben müssen. Es hat einfach das Personal gefehlt." Doch nur wenige Vertreter der neuen Gruppierungen – wie Michael Weber vom Neuen Forum am Runden Tisch des Bezirkes Leipzig – geben heute selbstkritisch zu, die dezentralen Befugnisse der DDR-Bezirksinstitutionen und ihre daraus resultierende Machtfülle schlichtweg unterschätzt zu haben. Alles in allem ist jedoch der komplexen Beurteilung Erich Iltgens zuzustimmen, wenn er ausführt, dass der Einfluss der Tische „relativ begrenzt" war: „Wir konnten uns nur immer darauf verlassen, dass das, was uns dort mitgeteilt worden ist, auch ein Anliegen war und die unsere Unterstützung haben wollten, damit sie sagen konnten: Das ist am Runden Tisch abgestimmt worden. Deswegen können wir das so machen. Das hat denen natürlich auch geholfen. Wir hatten natürlich relativ wenig Einfluss. Aber für das wenige, was wir hatten, waren wir wiederum sehr effektiv gewesen."

Ende der Tätigkeit

Im Verlaufe des Wahlkampfes favorisierten immer mehr DDR-Bürger eine möglichst rasche Wiedervereinigung Deutschlands. Sie wandten sich deshalb vor allem den Politikern zu, die schnell und konsequent auf die Einheit hinarbeiteten. Die in dieser Zeit am Runden Tisch noch agierenden Vertreter leisteten das nicht. Damit hat sich die generelle Kluft zwischen der mobilisierten Bevölkerung und der organisierten Opposition, die sich im Herbst 1989 geschlossen hatte, erneut aufgetan, „denn zu unterschiedlich waren trotz der Übereinstimmung im Demokratisierungsziel inzwischen die Lagebeurteilungen, Interessenlagen und Zukunftsvisionen". Als der Zentrale Runde Tisch am 12. März 1990 zu seiner letzten Sitzung zusammentrat, hatte er schon längst seine Legitimation durch die Bevölkerung und seine politische Bedeutung verloren. Das zeigte unmissverständlich das Ergebnis der Volkskammerwahl, aus der die „Allianz für Deutschland", die auf eine schnelle Vereinigung setzte, als deutlicher Sieger hervorging. Dass sich Teile der Wahlsieger, d. h. die ehemaligen Blockparteien, insbesondere CDU und LDPD, im Vorfeld politisch profilieren konnten, hatte der Tisch entgegen den Intentionen der demokratischen Opposition nicht beabsichtigt, aber maßgeblich unterstützt.

ullstein bild, 00165754

Zentraler Runder Tisch, 16. und letzte Sitzung in Berlin am 12. März 1990

Die anderen Runden Tische lösten sich ebenfalls nach der Volkskammerwahl am 18. März 1990 bzw. spätestens nach den Kommunalwahlen am 6. Mai 1990 auf. Für den Zentralen Runden Tisch und die Kreis- wie Stadttische hatte die Beendigung ihrer Tätigkeit durchaus ihre Berechtigung, immerhin agierten jetzt demokratisch legitimierte Parlamente, deren Kontrolle durch Runde Tische nicht mehr nötig erschien. Dagegen hatten in den Bezirken aufgrund der zu erwartenden Länderbildung keine demokratischen Wahlen stattgefunden. Die Runden Tische in den Regionen sollten dennoch aufgelöst werden, noch bevor demokratische Wahlen stattgefunden haben und grundlegende Personalentscheidungen für die Apparate und ihre Verwaltungen getroffen werden konnten. Deshalb fühlten sich die meisten Teilnehmer an den Tischen der Bezirke – abgesehen von den Wahlsiegern – auch noch weiterhin als Ansprechpartner für Anliegen von Bürgern und zugleich verantwortlich für die Belange der Regionen. Doch verließen bereits ab März 1990 die Vertreter der Parteien, welche als Sieger aus der Volkskammerwahl hervorgegangen sind, die Gremien. Außerdem erklärte die Regierung de Maizière, die Arbeit der Runden Tische der Bezirke nicht (mehr) anzuerkennen. Im Frühjahr 1990 verloren die Bezirkstische endgültig an Bedeutung. Die Protokolle zeigen jedoch deutlich, dass fast alle Runden Tische der Bezirke bis zu diesem Zeitpunkt durchaus noch nicht gewillt waren, ihre Arbeit einzustellen. Dennoch gaben fast alle Runden Tische der Bezirke ihre Tätigkeit bis Mai 1990 auf. Das ging nicht überall konfliktfrei zu, was das Beispiel des Runden Tisches im Bezirk Suhl anschaulich belegt.

In Suhl endete die Sitzung des Runden Tisches des Bezirkes am 10. April 1990 mit einem Eklat. Während der Beratung machte Brigitta Wurschi, Vertreterin des Neuen Forums, auf einen Artikel im „Thüringer Tageblatt" vom gleichen Tag aufmerksam. Aus ihm ging hervor, dass der Thüringer CDU-Landesvorstand die Landesbildung vorantreiben wolle und der Regierung de Maizière vorgeschlagen habe, die Bezirkstage und Runden Tische aufzulösen. Diese Mitteilung und vor allem die Art und Weise der Information lösten bei den Mitgliedern am Tisch schärfsten Protest aus. Zugleich jedoch waren die meisten Teilnehmer bereit, das Gremium umgehend und endgültig zu verlassen. Die Situation entspannte sich erst, als ein CDU-Vertreter den Beteiligten erklärte, dass der Thüringer Landesbischof Werner Leich zur Konstituierung eines Runden Tisches Thüringens einladen werde. Daraufhin entschlossen sich die Teilnehmer, die Sitzung zwar abzubrechen, aber zu einer neuen Sitzung auf ausdrücklicher Einladung der CDU wieder zusammen zu kommen.

Infolge der Initiativen des Erfurter Bezirkstisches hatte der Landesbischof bereits im März 1990 geplant, alle an den Runden Tischen der

Bezirke Gera, Suhl und Erfurt tätigen Mitglieder für den 18. April nach Weimar einzuladen, und vorgeschlagen, für einen Runden Tisch Thüringen die Geschäftsordnung des Berliner Gremiums zu übernehmen sowie Kirchenvertreter mit der Moderation zu betrauen. Dafür hatte der Landeskirchenrat die Oberkirchenräte Schäfer für Erfurt, Thurm für Gera und Hoffmann für Suhl gewinnen wollen. Zudem vertrat Leich die Ansicht, die bestehenden Runden Tische nach der Bildung des Runden Tisches Thüringen noch nicht aufzulösen, sondern falls nötig, in ihren Bereichen weiterarbeiten zu lassen. Zur Einladung an einen Runden Tisch Thüringen kam es jedoch nicht mehr. Landesbischof Leich zog sie zurück, nachdem der CDU-Landesvorsitzende Uwe Ehrich ihm gegenüber geäußert hatte, dass die künftige Regierung allen Runden Tischen die Legitimation entziehen werde.

Am 24. April lud Superintendent Erhard Kretschmann zu einer Dringlichkeitssitzung des Runden Tisches des Bezirkes Suhl ein. Er begründete diese Entscheidung damit, dass das Land Thüringen noch nicht gebildet worden sei und es demzufolge auf der mittleren staatlichen Ebene noch keine durch eine demokratische Wahl legitimierte Volksvertretung gebe, die sich der Lösung regionaler Probleme in Südthüringen annehme. Da es im Vorfeld erhebliche Auseinandersetzungen und verbale Verletzungen zwischen der CDU und dem Neuen Forum gegeben hatte, dominierte diese Sitzung eine teilweise heftig geführte Debatte zum Selbstverständnis des Runden Tisches. Die Vertreter des Neuen Forums, Bernd Winkelmann und Brigitta Wurschi, plädierten dafür, den Runden Tisch des Bezirkes Suhl als Kontrollinstrument auf der mittleren Ebene zumindest bis zur Bildung des Landes Thüringen bzw. zu den Landtagswahlen bestehen zu lassen. Sie hielten dessen Weiterexistenz auch deshalb für notwendig, weil die Bezirkstage bis Ende Mai 1990 aufgelöst werden sollten. Diese Auffassung wurde von Vertretern einiger anderer Gruppierungen unterstützt. Andere sprachen sich hingegen dafür aus, den Runden Tisch nach den Kommunalwahlen am 6. Mai auslaufen zu lassen. Lediglich die CDU beharrte auf der sofortigen Beendigung der Tätigkeit des Tisches. Da sich die Teilnehmer in dieser Frage nicht einigen konnten, schlug der Vertreter der katholischen Kirche vor, die Sitzung zu beenden, aber vorher über die baldige Schaffung eines sog. Regionalausschusses zu befinden, der die Bildung des Landes Thüringen unterstützen und gleichzeitig die Arbeit der zukünftigen Bezirksverwaltungsbehörde begleiten sollte. Letzterem stimmten die Beteiligten mehrheitlich zu.

Nach Absprachen zwischen Neuem Forum und SPD kam es am 6. Juni 1990 im Bezirk Suhl zu einer inoffiziellen letzten Sitzung des Runden Tisches, an der zwölf Personen teilnahmen. Der Vertreter der

SPD informierte über die Einsetzung des Regierungsbevollmächtigten für den Bezirk, Werner Ulbrich (CDU), und über die Einrichtung des Politisch-Beratenden Ausschusses zur Bildung des Landes Thüringen. Die Verlautbarungen über diesen Ausschuss lösten bei einigen Teilnehmern die Sorge aus, Südthüringen könne bei der Bildung des Landes benachteiligt werden. Deshalb beschlossen sie, einen „Regionalausschuss Suhl zur Wahrung der Rechte und Interessen der Bürger des Bezirkes Suhl bei der Bildung des Landes Thüringen" zu gründen. Er sollte sich aus den Vertretern der zur Wahl angetretenen politischen Parteien, Organisationen und politischen Vereinigungen mit je einem Stimmberechtigten zusammensetzen und sich sowohl der Nominierung der Vertreter im Politisch-Beratenden Ausschuss im Land Thüringen als auch in der Begleitung dieser Vertreter durch Facharbeitsgruppen widmen. Dieser Vorschlag wurde mit elf Ja-Stimmen bei einer Gegenstimme angenommen. Daraufhin stellten die Teilnehmer eine Liste mit Namensvorschlägen für den Regionalausschuss bzw. für die Facharbeitsgruppen zusammen. Zu einer nachfolgenden Arbeitsfähigkeit des Regionalausschusses kam es jedoch nicht mehr. Norbert Moczarski schätzt rückblickend ein, „dass diese nichtoffizielle Sitzung des Runden Tisches ein verzweifelter, letztendlich gescheiterter Versuch der basisdemokratischen Kräfte und neuen Parteigruppierungen war, den Geist des Runden Tisches aus seinen besten Tagen wieder zu beleben, um dem Einfluss auf die Entwicklung in der Region nicht nur einer Partei zu überlassen".

Wie in Erfurt wurde auch auf der Sitzung des Runden Tisches des Bezirkes Halle am 8. März 1990 erstmalig über die Gründung eines Runden Tisches des Landes Sachsen-Anhalt debattiert. Die Diskussion ging auf einen entsprechenden Antrag des Vorsitzenden des Rates des Bezirkes, Wolfgang Süß, zurück. Laut Zeitungsbericht ergab sich dieser Vorschlag aus einem Gespräch mit einer Delegation des Bezirkes Magdeburg, wo es unter anderem um die Vorbereitung der Länderstruktur bis zu den voraussichtlich noch in diesem Jahr stattfindenden Landtagswahlen gegangen sei. An diesem Runden Tisch sollten die Magdeburger und Hallenser Moderatoren, die beiden Ratsvorsitzenden, die Bürgermeister von Halle und Magdeburg, Vertreter des Dessauer Runden Tisches sowie jeweils zwei Vertreter der politischen Vereinigungen und Parteien, die sich zur Landtagswahl stellen wollten, zusammenkommen. Der Antrag fand am Tisch volle Zustimmung.

Auf dem Gebiet des späteren Sachsen-Anhalt bildeten die Tische der Bezirke Halle und Magdeburg und der Stadttisch von Dessau am 28. März 1990 tatsächlich einen gemeinsamen Runden Tisch zur Vorbereitung des Landes Sachsen-Anhalt. Ausgangspunkt hierfür war eine Beschlussvorlage des Runden Tisches des Bezirkes Halle vom 15. März über die Bildung eines solchen Tisches samt einer paritätischen Koordinierungsgruppe mit Untergliederungen. Auf der konstituierenden Sitzung wurden drei Arbeitsgruppen geschaffen, je eine zur Bildung des Landtages, der Landesstruktur sowie der Landesregierung bzw. von Regierungsbezirken und Unterarbeitsgruppen zur Vorbereitung der Ministerien. Für diesen Runden Tisch waren die Parteien und Gruppierungen an den Bezirkstischen Halle und Magdeburg und am Stadttisch von Dessau (als Vertretung des anhaltischen Landesteils) gebeten worden, jeweils ein Mitglied zu benennen. Christoph Sens, Moderator am Runden Tisch des Bezirkes Magdeburg, erinnerte sich jedoch, dass dieses Gremium nicht oft getagt habe.

Die Entwicklung im künftigen Sachsen-Anhalt war auch durch den bereits beschriebenen Hallenser Sonderweg geprägt. So versuchte der umgestaltete Bezirkstag von Halle, seine Existenz bis zur Landesbildung zu sichern. Wie in Dresden gab es Proteste, als die de Maizière-Regierung die Sonderentwicklung nicht berücksichtigte und das Ende von Bezirkstagen und Runden Tischen beschloss. Der Ministerpräsident hielt trotz des Vorwurfs, einen neuen Zentralismus zu kreieren, an seinem Weg fest. Die Vorbereitung der Landesbildung lag seither nicht (mehr) beim Runden Tisch zur Vorbereitung des Landes Sachsen-Anhalt, sondern vielmehr in den Händen der Räte der Bezirke und später in denen der Bezirksverwaltungsbehörden einschließlich der leitenden Regierungsbevollmächtigten. So gab einer der Hallenser Moderatoren, Willms, auf der Sitzung des Runden Tisches des Bezirkes Magdeburg am 22. Mai bekannt, dass der Runde Tisch des Bezirkes Halle mit der Auflösung des Bezirkstages seine Arbeit beenden werde. Darüber hinaus machten die Vorsitzenden der Räte der Bezirke Halle und Magdeburg, Süß und Grünwald, darauf aufmerksam, dass der jetzt arbeitende Regionalausschuss in seiner Zusammensetzung den Anforderungen des Ministerratsbeschlusses zur Bildung von Regionalausschüssen entspreche. Der Runde Tisch des Bezirkes Magdeburg beschloss daraufhin mehrheitlich bei zwei Enthaltungen, dass der bestehende Regionalausschuss die Verantwortung zur Bildung des Landes Sachsen-Anhalt wahrnehme.

Mit Ausnahme des Dresdner Gremiums lösten sich alle Runden Tische der Bezirke spätestens im Mai 1990 auf. Das hing zum einen und hauptsächlich damit zusammen, dass die de Maizière-Regierung frühzeitig ein weiteres Mitwirken der Runden Tische ablehnte und plante, die Räte der Bezirke und ihre Bürokratie mit einigen personellen Veränderungen ab 1. Juli 1990 als eine Art Auftragsverwaltung bis zur Länderbildung Ende des Jahres fortzuführen. Zum anderen verließen spätestens zu diesem Zeitpunkt Parteivertreter der Wahlsieger zahlreiche Runde Tische oder blockierten deren Weiterarbeit. Damit existierten jedoch von

Juni bis Ende des Jahres 1990 keine Gremien mehr, welche die nach wie vor nicht demokratisch legitimierten staatlichen Mittelinstanzen kontrollierten. Deren Legitimation leitete sich damit lediglich aus ihrer Unterstellung unter die DDR-Regierung ab. Die von der de Maizière-Regierung vorgesehene Kontrolle durch Volkskammerabgeordnete der Regionen erwies sich schon wegen deren Mehrfachbelastung als kaum praktikabel.

Was die Vorbereitung der Länderbildung anging, spielten vor allem die Runden Tische der Bezirke im zukünftigen Sachsen, allen voran der Dresdner, eine maßgebliche Rolle. In Mecklenburg-Vorpommern, Brandenburg und Thüringen waren die Bezirkstische immerhin Mitinitiatoren der Regionalausschüsse zur Länderbildung; eine Reihe von Teilnehmern der Tische arbeitete außerdem in den jeweiligen Ausschüssen mit. Die Mitwirkung der Beteiligten an den Runden Tischen in den Regionalausschüssen von Thüringen und Sachsen-Anhalt gestaltete sich dagegen weit schwieriger bzw. blieb in den Anfängen stecken.

In Brandenburg, Mecklenburg-Vorpommern, Sachsen und Berlin wurden – trotz mancher dahingehender Vorüberlegungen und Ambitionen – keine Runden Tische der Länder bzw. der gesamten Stadt Berlin gebildet. Hier gab es lediglich die jeweiligen Regional- bzw. Koordinierungsausschüsse zur Vorbereitung der Länderbildung. In Thüringen scheiterte die Bildung eines Runden Tisches des Landes am Desinteresse einiger Parteien. Die nach der Volkskammerwahl dominierende Allianz für Deutschland (CDU, Deutsche Soziale Union [DSU], DA) stand hier auch der Schaffung eines Regionalausschusses, dem Vertreter aller Parteien und Gruppierungen in Thüringen angehören sollten, ablehnend gegenüber. Nur in Sachsen-Anhalt bildeten die Runden Tische der Bezirke und der Stadt Dessau auf Initiative des Hallenser Gremiums einen gemeinsamen Runden Tisch zur Vorbereitung des Landes, der jedoch bald keine Rolle mehr spielen sollte. Dass die de Maizière-Regierung die Runden Tische der Bezirke zum Aufgeben zwang, ihnen zur Vorbereitung der Länderbildung keine Chance gab, dagegen die demokratisch nicht legitimierten Bezirksinstitutionen in die Vorbereitungen zur Länderbildung maßgeblich mit einbezog, musste zwangsläufig auf das Unverständnis vieler Teilnehmer an den Runden Tischen stoßen.

Alles in allem gab es, abgesehen von den Gemeinsamkeiten, die in der zentralen Steuerung durch die Regierung der DDR über die Bezirksverwaltungsbehörden und in der Beteiligung regionaler Kräfte an den Vorbereitungen bestanden, nicht – wie bisher behauptet – nur einen sächsischen, sondern fünf Sonderwege zur Landesbildung. Schon allein die gegründeten Regionalausschüsse unterschieden sich, vor allem in ihrer Aufgabenkoordination, Zusammensetzung und Legitimation. Die Besonderheit des sächsischen Koordinierungsausschusses lässt sich demnach insbesondere an seiner Kompetenz und seinem ausgeprägten Willen nach personeller Erneuerung in den staatlichen Institutionen festmachen. Außerdem besaß er gegenüber den anderen regionalen Ausschüssen einen großen zeitlichen Vorsprung bei der Vorbereitung der Landesbildung.

Bewertung

Von Dezember 1989 bis Mitte Februar 1990 waren die Runden Tische zwar nicht Inhaber der realen Macht, was die meisten Teilnehmer auch bewusst nicht wollten. Aber es ging ebenfalls nichts (mehr) gegen und schon gar nichts ohne sie. Mit ihren Kritiken und daraus folgenden Empfehlungen, Anregungen, Weisungen und Beschlüssen versuchten die Teilnehmer an den Runden Tischen, Einfluss auf die Beschlüsse der Räte und damit auf die Entwicklung in den Orten, den Regionen und in der gesamten DDR zu nehmen. Seit der zweiten Dezemberhälfte konnte es sich kein Repräsentant einer staatlichen Einrichtung mehr leisten, Einladungen oder Anträge Runder Tische auszuschlagen. Die Anfragen der Gremien zu ignorieren, wäre „nur um den Preis eines sofortigen Absturzes in die politische Bedeutungslosigkeit möglich gewesen". Viele staatliche Vertreter waren allerdings bereit, sich der veränderten Situation anzupassen und mit den Tischen zusammenzuarbeiten. Das lief selbstverständlich nicht ohne Konflikte ab. Doch hinterließen viele Staatsfunktionäre einen durchaus pragmatischen wie reformwilligen Eindruck. Außerdem wurden sie sich im Laufe der Zeit darüber im Klaren, dass auch sie nur noch eine Übergangsfunktion innehatten. Die Beschlüsse der meisten Runden Tische erhielten deshalb immer mehr verbindlichen Charakter. Damit ging einher, dass das Auftreten der Rundtischteilnehmer gegenüber den jeweiligen staatlichen Institutionen, aber auch gegenüber der Regierung in Berlin, „merklich selbstsicherer und fordernder" wurde.

Ab Ende Januar 1990 dominierten die Runden Tische zwar das politische Leben in der DDR. Dennoch blieben die realen Möglichkeiten der Kontrolle und Einflussnahme auf Entscheidungen der Räte für eine Reihe von Teilnehmern, vor allem für die Vertreter der neuen Gruppierungen, geringer als erhofft. Sie konnten die umfangreiche Tätigkeit der Räte nicht tatsächlich kontrollieren und schon gar nicht das gesamte Alltagsgeschäft aller Institutionen. Nicht wenige Möglichkeiten und Aktionen der alten Machtstrukturen blieben für sie undurchschaubar und wenig beherrschbar. Offenbar gab es nur wenige, an den Tischen getroffene Entscheidungen, deren praktische Umsetzung man bis ins Detail hätte nachvollziehen können. Die hauptsächlichen Ursachen bestanden in dem nicht überschaubaren Ausmaß zu lösender Probleme, im Zeitmangel und nicht zuletzt im Defizit an einer ausreichenden Anzahl kompetenter Fachleute in den neuen Gruppierungen, die eine wirksame Kontrolle auch tatsächlich hätten wahrnehmen können. Viele Mitglieder der neuen Gruppierungen waren „Laien im politischen Geschäft" und verfügten nicht über das nötige Herrschaftswissen. Eine ganze Reihe von ihnen fühlte sich deshalb, was Sach- und Verwaltungskompetenz anging, den alten Machthabern unterlegen. Aber gemessen an ihren Erfolgen besaßen diese Gremien in aller Unvollkommenheit und Laienhaftigkeit auch etwas Exemplarisches.

Runde Tische, an denen es ausschließlich friedlich und sachlich zugegangen sein soll, sind allerdings eine Legende. Die Gremien stellten keineswegs Beispiele für herrschaftsfreie Diskurse dar, wie dies aus der Rückschau häufig idealisierend und harmonisierend dargestellt wird. Auch hier wurden Kämpfe um politische Macht ausgetragen. Mangelnde Transparenz und Berechenbarkeit sowie entschiedener Lobbyismus bestimmten die Verhandlungen nicht unwesentlich. Der den Runden Tische anhaftende Mythos entwickelte sich nicht unmittelbar nach der Beendigung ihrer Tätigkeit, sondern erst viele Jahre später. Die in den Revolutionsmonaten empfundene „politische Spiritualität", die massenhaft erlebte Aufbruchsstimmung und das unglaubliche Gefühl, welches mit der rasanten Entwicklung vieler Menschen zu mündigen Bürgern einherging, konnte in der Folgezeit auch eine gewisse, mitunter nachvollziehbare Verklärung der Tätigkeit an den Runden Tischen nach sich ziehen.

Die Runden Tische waren operative Organe, deren Sinn und Zweck darin bestand, das Alltagsleben weitgehend störungsfrei ablaufen zu lassen. Ihnen wurde vor allem eine Kontrollfunktion zugeschrieben, die auch eine neue Qualität von Öffentlichkeit etablierte. Hinzu kamen teilweise auch gewisse Steuerungs- oder Regierungsfunktionen. Immerhin hatten einige der Runden Tische – analog zum Zentralen Runden Tisch – Vertreter als Ratsmitglieder ohne Geschäftsbereich in die Exekutiven delegiert. Für manchen Teilnehmer waren die Gremien aber auch „nur" Gesprächsinstrumente, um die Kluft zwischen Politik und Bevölkerung zu überbrücken. Nicht zuletzt hätten sie eine Assistenzfunktion für den Transformationsprozess inne gehabt und waren Mittel zur Verhinderung von Gewalt, trugen sie doch durch ihre Mittlerfunktion zwischen alten und neuen Kräften, zwischen den Demonstranten und den Inhabern staatlicher Macht zur Berechenbarkeit der Entwicklungen gerade vor Ort bei. Die Tische waren aber weder Institutionen einer repräsentativen noch – wie häufig deklariert – einer direkten Demokratie, sie arbeiteten jedoch mit basisdemokratischen Elementen.

In den ersten Wochen und Monaten ihrer Existenz stellten sie gewissermaßen die politische Autorität in der DDR dar, denn die alte Autorität war zu großen Teilen weggebrochen und eine neue noch nicht etabliert. Dennoch sprechen manche ehemalige Akteure diesen Runden Tischen im Nachhinein prinzipiell politische Macht oder gar Eigenständigkeit ab. Sie vertreten die Auffassung, Politik sei damals an anderen Stellen gemacht worden. Ehemaligen politisch Verantwortlichen sei zwar klar gewesen, dass ihre Zeit vorbei war, aber sie hätten in dieser Zeit noch gerettet, was zu retten gewesen sei. Eine Reihe von Teilnehmern betrachtet deshalb die Funktionen und die Arbeit der Runden Tische rückblickend weniger als Beitrag zur Demokratisierung in den Regionen, sondern eher als demokratischen Lernprozess.

Was die 15 Runden Tische der Bezirke anging, so hielt sie auch nicht jeder Akteur für wichtig oder wirkungsvoll. Sie hätten im Vergleich zu den lokalen und dem zentralen Gremien über den geringsten Einfluss verfügt. Ihre psychologische bzw. symbolische Bedeutung sei deshalb größer gewesen als die faktische, was auch daran gelegen habe, dass die Bezirke als „Auslaufmodell" wahrgenommen worden seien. Aus diesem Grund sei auch ihr Druck auf die überkommenen bezirklichen Gremien weitaus geringer gewesen als der auf die Institutionen der städtischen Ebene. Hinzu kam die mitunter große Bedeutung der Tische in den Bezirksstädten, an denen sich häufig mehr Bürger engagierten. An den Stadttischen wurden nach Ansicht von Beteiligten relevantere Entscheidungen getroffen; hier sei es konkreter und insgesamt spannender zugegangen als an den Bezirkstischen. Aus anderer Perspektive hielten Teilnehmer die Diskussionen an den Bezirkstischen eher für friedlicher, schicklicher, handwerklicher, sachlicher und nicht so spektakulär wie an den städtischen Tischen. Jedoch nur wenige ehemalige Teilnehmer geben heute selbstkritisch zu, die dezentralen Befugnisse der DDR-Bezirksinstitutionen und ihre daraus resultierende Machtfülle schlichtweg unterschätzt zu haben.

Die Runden Tische waren Kontroll- und Beratungsgremien, aber keine Platzhalter für nachfolgende demokratisch legitimierte Institutionen. Sie begleiteten die Tätigkeit der staatlichen Institutionen, wickelten sie aber nicht ab. Sie arbeiteten weitgehend eigenständig, verfügten realiter aber nicht über Macht und auch nur über weniger Einfluss als erhofft. Dennoch trugen die konkordanzdemokratisch konzipierten Runden Tische ohne Zweifel dazu bei, die Proteste zu kanalisieren und eine gewaltfreie Institutionalisierung der Demokratie zu gewährleisten. Sie gestalteten den Prozess der Befreiung und Demokratisierung in der DDR mit. Dies geschah allerdings in höchst unterschiedlichem Maße, was allein schon die 15 Runden Tische der Bezirke hinreichend dokumentieren. Ihre Anteile an diesem Prozess hingen demzufolge maßgeblich von den jeweils gestellten Zielen, den Herangehensweisen, den konkreten Machtstrukturen und den handelnden Personen vor Ort ab. Es gab offensichtlich viele Wege zur Demokratie und eine „wie auch immer begrenzte Handlungsautonomie der Akteure, die unter jeweils anderen Bedingungen jeweils eigenwillig wahrgenommen wurde".

Dieser vielfältige Demokratisierungsprozess von unten bestätigt: Zahlreiche sich an den Runden Tischen engagierende DDR-Bürger waren nach Jahrzehnten Diktatur kurzfristig in der Lage, sich eigenständig zu organisieren, Probleme anzusprechen, sachkundig wie sachlich zu diskutieren und gemeinsam nach Lösungsansätzen zu suchen, ohne dass es ihnen – wie jahrzehntelang geschehen – von einer zentralen Stelle offeriert oder gar vorgeschrieben wurde. Tausende DDR-Bürger brachten sich an den Runden Tischen ein, Politik war Bürgersache geworden. Das ist nicht zuletzt Ausdruck einer – bisher zu wenig beachteten und gewürdigten, eigenständigen DDR-Demokratisierung. Selbstdemokratisierung oder „Demokratisierung von unten" durch Runde Tische fand allerdings nur in der DDR statt; in den anderen ostmitteleuropäischen Staaten gab es neben dem zentralen Gremium nicht auch noch Hunderte lokaler, regionaler und thematischer Tische. An den Demokratisierungsprozessen aktiv beteiligt gewesen zu haben, spielt jedoch – wie der Vergleich mit den anderen Staaten zeigt – in den Erinnerungen vieler Menschen und ihrer damit verbundenen Bewertung der damaligen Ereignisse wie auch der Ergebnisse der Revolution bzw. des Systemwechsels eine nicht zu unterschätzende Rolle.

Vom Scheitern der Institution Runder Tisch kann definitiv nicht die Rede sein. Zum einen war den meisten Teilnehmern von Vornherein klar, dass die Gremien in dieser Ausprägung nur zeitweiligen Bestand haben konnten. Zum anderen blieb eine Reihe der Runden Tische im vereinigten Deutschland erhalten. Runde Tische wie z. B. der „Entwicklungspolitische Tisch der DDR" setzten die Arbeit nach 1990 fort. Überhaupt waren es vor allem die thematischen Tische, die sich als gesellschaftliche Gremien bis in die Gegenwart hielten; sie entwickelten sich geradezu zu einem Modell themenbezogener Arbeit in der pluralistischen Gesellschaft. Andererseits gründeten ehemalige Teilnehmer im Anschluss an die Auflösung der Tische z. B. Bürgervereine, in denen Themen der Gespräche an den Runden Tischen weiterverfolgt wurden. Außerdem pflegte eine Reihe von Teilnehmern an den Tischen, die in die 1990 gewählten Parlamente der Kommunen und Länder einzogen, auch hier zumindest anfänglich einen überparteilich geprägten, verhandelnden Politikstil. Das traf auch auf die am 6. Mai 1990 neu gewählten Stadtverordneten Leipzigs zu. Anknüpfend an die Verhandlungen am Runden Tisch der Stadt Leipzig waren das Verhältnis der Parteien innerhalb der neuen Stadtverordnetenversammlung, aber auch die Beziehungen zwischen Parlament und Verwaltung geprägt von einer an Sachfragen und -kriterien orientierten Kommunalpolitik, in der parteipolitische Interessen nicht bzw. weniger als üblich im Vordergrund standen. Diese Form der Kommunalpolitik des Leipziger Stadtparlaments wurde mit der Bezeichnung „Leipziger Modell" zum Begriff.

Zudem kamen zahllose neue Tische hinzu. Letztere beriefen sich mitunter darauf, dass es sich um eine als zweckmäßig erkannte Institution handele, die seit dem Transformationsprozess von 1989/90 in der DDR und anderen mittelosteuropäischen Staaten neue Aktualität gewonnen habe. Sie weisen aber durchaus einen anderen Charakter auf, denn sie verstehen sich nicht wie die Runden Tische von 1989/90 als Transformationsinstrumente, sondern als Institutionen zivilgesellschaftlichen bzw. bürgerschaftlichen Engagements. Als solche sind sie in eine parlamentarische Demokratie nicht nur integrierbar, sondern für eine bürgernahe und Mitspracherechte gewährende Politik mitunter dringend notwendig.

Nicht ohne Grund erfahren gegenwärtige Überlegungen, die Runden Tische in die Traditionslinie einer sog. verhandelnden Politik einzuordnen, ihre Gültigkeit. Mit denen in der DDR und in den anderen ostmitteleuropäischen Staaten haben die gegenwärtigen Gremien die Gleichberechtigung aller Beteiligten und deren Willen zur Einigung in Sachfragen trotz verschiedener Meinungen gemeinsam. Die Runden Tische entwickelten sich offenbar zum Synonym für einen diskursiv angelegten Politikstil. Öffentliche Willensbildung und der Aufbau einer Zivilgesellschaft finden ihren Ausdruck in umfassenden und vielschichtigen Beteiligungsformen der Bürgerschaft bzw. im bürgerschaftlichen Engagement, d. h. in der Mitarbeit in Ehrenämtern, in Bürgerwerkstätten, aber auch immer mehr an Runden Tischen. Nach Ulrike Poppe geht von den Gremien der Jahre 1989/90 unbestreitbar und anhaltend eine Beispielwirkung aus. Es habe sich gezeigt, „dass der Runde Tisch nicht an eine Situation des Übergangs von der Diktatur zur Demokratie gebunden ist, sondern auch in der parlamentarischen Demokratie seinen Platz hat".

Dennoch standen und stehen gegenwärtig nicht wenige ehemalige Akteure der Daseinsberechtigung von Runden Tischen in einer parlamentarischen Demokratie aufgrund ihrer Erfahrungen mit deren mangelhaften Entscheidungsstrukturen und der fehlenden Legitimation skeptisch bis ablehnend gegenüber. Hinzu kommt, dass der Begriff „Runder Tisch" heute – auch wegen des ihm anhaftenden Mythos und damit verbundener Erfolgsgarantien – für zahllose zeitweilig installierte Gesprächskreise in Politik, Wirtschaft und Kultur gebraucht wird. Mitunter wird die Bezeichnung „Runder Tisch" zu Recht verwandt, aber auch zu häufig, zu beliebig und dadurch gelegentlich (auch missbräuchlich) für Gremien, deren Charakteristika sich von denen der ursprünglichen Institutionen maßgeblich unterscheiden.

Viele der gegenwärtig aktiven Runden Tische gehören wie die Runden Tische von 1989/90 zur Tradition der seit dem 19. Jahrhundert gepflegten round-table talks, aber vor allem zur Tradition des sich im 20. Jahrhundert entwickelnden zivilgesellschaftlichen Engagements. Die allerwenigsten Teilnehmer verstanden die Gremien von 1989/90 als Institutionen zivilgesellschaftlicher Aktivitäten. Heute steht dagegen fest, dass damals auf ostdeutschem Boden fast ein halbes Jahr zivilgesellschaftliche Selbststeuerung durch Runde Tische und Bürgerkomitees praktiziert worden ist. Als Wegbereiter von Systemwandel und -wechsel stellen die Gremien von 1989/90 im Vergleich zu allen Runden Tischen bisher ein einmaliges Phänomen in der Geschichte dar.

Runde Tische als Institutionen zivilgesellschaftlichen Engagements

Eine Internetrecherche zum Thema zeigt, dass sich die meisten Einträge zu Runden Tischen nicht auf historische, sondern auf zahlreiche neu gegründete wie aktuell tätige Tische in Gesellschaft, Wirtschaft und Kultur beziehen. Inzwischen gibt es viele Runde Tische – so Ulrike Poppe – nicht als „Neben- oder Ersatzparlamente", sondern als „zivilgesellschaftliche Initiativen, als Beratungsgremien, als Konfliktlösungsinstrumente, als Formen des Projektmanagements". Sie würden als besonders geeignet gelten, wenn sich die Fronten zwischen Konfliktparteien verhärtet hätten und kein sachlicher Dialog mehr möglich zu sein scheint, oder auch, um ein Projekt so zu gestalten, dass es von allen betroffenen Seiten mitgetragen werden könne.

Immer häufiger werden Runde Tische als Institutionen zivilgesellschaftlicher Aktivitäten beschrieben bzw. charakterisiert. Überhaupt hat sich der Begriff „Zivilgesellschaft" in den vergangenen zwei Jahrzehnten zu einem aktuellen Schlagwort entwickelt. Er umfasst dreierlei: einen gesellschaftlichen Bereich von Organisationen und Institutionen, zivile Umgangsformen und ein utopisches Projekt. Unter Zivil- oder Bürgergesellschaft versteht man erstens einen gesellschaftlichen Raum, nämlich „die plurale Gesamtheit der öffentlichen Assoziationen, Vereinigungen und Zusammenkünfte, die auf dem freiwilligen Zusammenhandeln der Bürger und Bürgerinnen" basieren. Vereine, Verbände und soziale Bewegungen stellen hierfür typische Organisationsformen dar. Sie sind in der Regel sowohl vom staatlichen Apparat als auch von wirtschaftlichen Profitinteressen unabhängig, d. h. idealtypisch „bilden sie eine Sphäre aus, die nicht staatlich ist und nicht auf reinen Marktprinzipien beruht". Dieser Raum grenzt sich auch von der Privatsphäre, u. a. von der Familie, ab, da er zur Öffentlichkeit zählt. Nicht zuletzt ist die Zivilgesellschaft auf die Einhaltung von Menschen- und Bürgerrechten angewiesen, d. h. auf den staatlichen Schutz von Meinungs-, Presse- und Vereinigungsfreiheit. Zweitens zählen bestimmte zivile Verhaltensstandards wie Toleranz, Verständigung, Gewaltfreiheit, aber auch Gemeinsinn zum zivilgesellschaftlichen Konzept. Drittens beinhaltet es auch ein utopisches Moment: das selbstregierte demokratische Zusammenleben.

Dass dieses Konzept wiederbelebt wurde und sich seither allgemeiner Beliebtheit erfreut, hängt auch mit den Revolutionen in Ost- und Mittelosteuropa zusammen. Nach dem Scheitern von Reformversuchen in Ungarn 1956 und der Niederschlagung des Prager Frühlings 1968 setzten die ostmitteleuropäischen Dissidenten seit den 1970er Jahren auf eine

„Reform von unten". Vor und während der Umstürze und Umwälzungen von 1989/90 spielten deshalb zivilgesellschaftliche Überlegungen und Aktivitäten eine maßgebliche Rolle. Hauptsächlich in Ungarn und in der Tschechoslowakei orientierten sich die jeweiligen Oppositionsbewegungen bereits vor 1989 explizit an Konzepten zur Zivilgesellschaft. Strukturell verstanden die Oppositionellen unter Zivilgesellschaft einen freiwilligen Zusammenschluss von einzelnen Bürgern und gesellschaftlichen Gruppierungen, die gegen den Staats- und Parteiapparat einen neuen Gesellschaftsvertrag anstrebten. Inhaltlich zielten die Oppositionellen Ungarns und der ČSSR mit ihrer Forderung nach Zivilgesellschaft „auf den Schutz des Individuum vor dem Staat, auf die Herrschaft der Gesetze und die Teilung der Gewalten, auf das Recht und die Pflicht gesellschaftlicher Selbsttätigkeit und auf die Mündigkeit der Bürger [...], auch auf Solidarität, Moral und Authentizität in der Politik, die es neu zu konstruieren" galt.

In der ehemaligen DDR entwickelten Bürgerrechtler zivilgesellschaftliche Aktivitäten in thematisch unterschiedlich ausgerichteten Gruppierungen, ohne eigene grundsätzliche Theorien zu entwickeln oder zu bemühen. Während der Friedlichen Revolution mündeten diese Aktivitäten – wie in anderen Ländern auch – in Engagements in Bürgerkomitees und in Verhandlungen an Runden Tischen, an denen mit allen gesellschaftlichen Gruppierungen und den alten Herrschaftseliten ein neuer gesellschaftlicher Konsens ausgehandelt wurde. Letztendlich folgte der Idee von der Zivilgesellschaft in den Jahren 1989/90 „ein wahrhaftiger Ausbruch von zivil- und bürgergesellschaftlichen Aktivitäten" – u. a. an Runden Tischen – in fast allen realsozialistischen Staaten. Diese Aktivitäten lassen sich im Nachhinein definitiv als zivilgesellschaftliche oder bürgerschaftliche beurteilen. Dass sich der Zentrale Runde Tisch – wie ab und an behauptet – bereits damals als Repräsentant einer Zivilgesellschaft verstand und sich der Begriff der Zivilgesellschaft zur Leitidee für die friedlichen Revolutionen entwickelte, ist zumindest für die Ereignisse in der DDR mehr als fraglich.

Doch mit Sicherheit verliehen die ostmitteleuropäischen Revolutionen von 1989 dem Konzept der Zivilgesellschaft auch in Westeuropa neuen Glanz. In der Verarbeitung ostmitteleuropäischer Erfahrungen bediente sich u. a. Jürgen Habermas des Begriffs, „um die sich selbst organisierende Öffentlichkeit zwischen kapitalistischen Märkten und bürokratischem Staatsapparat als Ort demokratischer Selbstverwirklichung und die Lebenswelt in Absetzung von der systemischen Rationalität des Kapitalismus wie der großen Bürokratien zu verteidigen, zu analysieren und zu empfehlen". Doch die erneute Rückbesinnung auf den Begriff hing und hängt nicht nur mit den Veränderungen in Osteuropa zusammen, sondern auch mit wieder zunehmenden Diskussionen über das Verhältnis von Staat, Gesellschaft und Markt in den westeuropäischen Staaten. Im Zentrum der neueren Debatten über eine Zivilgesellschaft steht nach Jürgen Kocka „der Raum gesellschaftlicher Selbstorganisation zwischen Staat, Markt und Privatsphäre, ein Bereich der Vereine, Zirkel, Netzwerke [...], von dem angenommen und erwartet wird, dass er ein Raum öffentlicher Diskussion, Konflikte und Verständigung, eine Sphäre der Selbstständigkeit von Individuen und Gruppen, ein Bereich der Dynamik und Innovation und ein Ort der Anstrengung für das Gemeinwohl sein kann“. Passive Bürger werden in diesem Raum zu aktiven, engagierten Demokraten. Anknüpfend an die Erfolge von 1989/90 in Osteuropa und an die westlichen Bürgerbewegungen seit den 1970er Jahren hoffe man „durch die Stärkung zivilgesellschaftlicher Aktivitäten auch den anderen, nun zunehmend offensichtlicher werdenden strukturellen Problemen des demokratischen Rechtsstaates entgegentreten zu können“. Von Politikern und Bürgerbewegungen jeglicher politischer Richtung wird Zivilgesellschaft mittlerweile als politischer Signalbegriff genutzt. Für die einen stellt er ein radikales Reformkonzept dar, durch das demokratisches Selbstregieren gestärkt und Übergriffe sowohl des Staates als auch der Marktwirtschaft gebändigt werden sollen. Andere verbinden damit die Vorstellung, nach der sich die Bürger weniger auf den Sozialstaat verlassen dürften, sondern die Dinge mehr eigenverantwortlich regeln müssten.

Zu dieser Debatte gehört nicht zuletzt die Diskussion um die Existenz Runder Tische innerhalb einer repräsentativen parlamentarischen Demokratie. Bereits in einer 1991 veröffentlichten Bewertung des Zentralen Runden Tisches der DDR gab der Historiker Walter Süß zu bedenken: „Wenn es zudem richtig ist, dass die Zivilgesellschaft sich nicht nur in Osteuropa bemerkbar macht, sondern auch bei uns – bei allen fundamentalen Unterschieden – Friktionen zwischen dem politischen System und der Gesellschaft häufiger werden, so könnte ein solches Gremium nicht als Ersatz für ein parlamentarisches System, wohl aber als Ergänzung im Sinne von Konsultation und Kommunikation auch künftig Bedeutung haben.“ Es geht demnach prinzipiell darum, ob die (basisdemokratischen Elemente der) Tische zur Bereicherung der demokratischen Kultur in der Bundesrepublik und in anderen parlamentarisch-demokratisch verfassten Staaten beitragen können. Nicht wenige (vor allem ostdeutsche) Bürger wünschen sich „angesichts der von ihnen kritisch gesehenen gesellschaftlichen politischen Kultur in der Bundesrepublik, die [...] nicht nur im Osten zur bedenklichen Passivität der Bürger geführt hat, mehr Bürgernähe, -initiativen und -komitees“ und auch Runde Tische. Die Anhänger dieser Auffassung beklagen jedoch, sich einer konservativen und vor allem ängstlichen Mehrheit in der Beurteilung der „Runde-Tische-Bewegung" gegenüber zu sehen. Gegner der Etablierung von Runden Tischen in Demokratien halten den Befürwortern permanent entgegen, dass der Zentrale Runde Tisch und die vielen regionalen Runden Tische damals und später immer wieder als Alternative zur parlamentarischen Demokratie idealisiert worden seien: „Stichworte dazu waren Bürgernähe, Sachpolitik, Beteiligungsdemokratie." Das grundsätzliche Problem der Runden Tische bestehe aber in deren fehlender Legitimation. 1989/90 hätten sie lediglich eine Übergangsfunktion inne gehabt, die sie erfüllt und sich damit selbst überflüssig gemacht hätten.

Alternativ und abseits der Rufe nach mehr Runden Tischen und Bürgerinitiativen greifen in wachsendem Maße Forderungen nach mehr direkter Demokratie und/oder einer überfälligen Demokratiereform um sich. Zum Beispiel benötigte man nach Ansicht von Konrad Weiß, in einer funktionierenden Demokratie, die nicht vom Konsens lebt, sondern von der Konfrontation, keine Runden Tische. Wenn heute dennoch hier und da Runde Tische installiert oder gefordert seien, dann würden entweder die gewählten Parlamente unzulänglich arbeiten oder das Harmoniebedürfnis sei größer als die politische Vernunft, die wisse, dass Demokratie ohne Konkurrenz und Streit nicht auskommen könne. Runde Tische stellen für ihn deshalb keinen Ersatz für die überfällige Demokratiereform in Deutschland dar.

Werner Schulz, 1989 Gründungsmitglied des Neuen Forums und Vertreter am Zentralen Runden Tisch, forderte dagegen in seiner Rede während des Festakts zum 20. Jahrestag der Friedlichen Revolution im Gewandhaus zu Leipzig am 9. Oktober 2009 mehr direkte Demokratie. Seiner Meinung nach sollte mit dem Feiern der „Freiheit in Vielfalt" und einem damit verbundenen unendlichen Gefühl von Glück und Dankbarkeit die Gesellschaft den Auftrag „Die Revolution geht weiter" mitnehmen. Denn noch immer sei ihr Ruf „Wir sind das Volk", d. h. ihre Forderung nach mehr direkter Demokratie und Mitbestimmung nicht erfüllt. So habe (der ehemalige) Bundespräsident Horst Köhler zwar nach seiner letzten Wiederwahl den Vorschlag erneuert, dass der nächste Präsident vom Volk gewählt werden sollte. Doch wollten die deutschen Parteien offenbar nicht auf ihr Vorrecht verzichten, die Wahl des Bundespräsidenten unter sich auszumachen. Schulz verwies zudem auf die Hoffnung, „dass sich das deutsche Volk eine Verfassung gibt, die Volksentscheide ermöglicht". Allein die CDU sperre sich noch dagegen. Nach Schulz dürfe man die Demokratie jedoch nicht nur den Berufspolitikern überlassen. Für die Bürgerinnen und Bürger sei es ebenso wichtig, auch nach den Wahlen noch gefragt zu sein und die Politik beeinflussen zu können.

Gegenwärtige Vorstellungen von mehr und wirkungsvollerer Demokratie umfassen demnach zum einen Forderungen nach mehr direkter Demokratie, z. B. in Form von Direktwahlen des Bundespräsidenten, der Ministerpräsidenten und der Bürgermeister sowie von Volksentscheiden und -begehren, und zum anderen Aufrufe zu einer prinzipiellen Reform der Demokratie. Zum dritten handelt es sich um Auffassungen, nach denen die repräsentative bzw. parlamentarische Demokratie durch mehr zivilgesellschaftliche Aktivitäten und bürgerschaftliches Engagement zu ergänzen, aber keinesfalls – wie ab und an behauptet – zu ersetzen ist. Forderungen nach mehr Zivilgesellschaft und damit ggf. auch nach (mehr) Runden Tischen verstehen darunter mit Sicherheit nicht die Suche nach einer prinzipiellen Alternative zur parlamentarischen Demokratie.

Weiterführende Literatur

Adloff, Frank: Zivilgesellschaft. Theorie und politische Praxis, Frankfurt/M. 2005.

Berg, Gunnar (Hg.): Runder Tisch und direkte Demokratie. Eine Disputation, Opladen 2000.

von Beyme, Klaus: Zivilgesellschaft – Karriere und Leistung eines Modebegriffs. In: Europäische Zivilgesellschaft in Ost und West, S. 41-55.

Das Pankower Modell. Momente des Runden Tisches im Stadtbezirk Berlin-Pankow 1989-1990. Hg. vom Kulturring in Berlin e. V., Berlin 2003.

Der Platz der Kirchen an den Runden Tischen. 9. Werkstattgespräch (Schriftenreihe des Instituts für vergleichende Staat-Kirche-Forschung 11), Berlin 2000.

Die „Runden Tische" der Bezirke Erfurt, Gera und Suhl – als vorparlamentarische Gremien im Prozess der Friedlichen Revolution 1989/90. Hg. von Thüringer Landtag, Erfurt 2009.

Errungenschaften und Legenden. Runder Tisch, Willkürherrschaft und Kommandowirtschaft im DDR-Sozialismus. Hg. von Karl Wilhelm Fricke, Hans Lechner und Uwe Thaysen, Melle 1990.

Europäische Zivilgesellschaft in Ost und West. Begriffe, Geschichte, Chancen. Hg. von Manfred Hildermeier, Jürgen Kocka und Christoph Conrad, Frankfurt/M. 2000.

Gehrke, Bernd/Rüddenklau, Wolfgang (Hg.): ... das war doch nicht unsere Alternative. DDR-Oppositionelle zehn Jahre nach der Wende, Münster 1999.

Grahn, Gerlinde (Hg.): „Wir bleiben hier, gestalten wollen wir". Der Runde Tisch im Bezirk Potsdam 1989/90 – Forum des gesellschaftlichen Dialogs, Schkeuditz 2006.

Hahn, André: Der Runde Tisch. Das Volk und die Macht. Politische Kultur im letzten Jahr der DDR, Berlin 1998.

Hollitzer, Tobias: Der Rollen- und Funktionswandel von Aufarbeitungsinitiativen seit der friedlichen Revolution 1989/90 am Beispiel des Bürgerkomitees Leipzig. In: Enquete-Kommission „Überwindung der SED-Diktatur im Prozeß der deutschen Einheit“, Bd. VII Künftige Aufarbeitung, S. 228-687.

Izeki, Tadahisa: Das Erbe der Runden Tische in Ostdeutschland. Bürgerorientierte Foren in und nach der Wendezeit, Frankfurt a. M. 1999.

Jaskulowski, Tytus: Der Runde Tisch in Polen. Silesia Nova 7 (2010) 3/4, S. 65-82.

Kleimeier, Ralph: Sachsen 1989/90: Von den Räten der Bezirke zum ersten frei gewählten Landtag, (ungedruckte) Magisterarbeit, Heinrich-Heine-Universität Düsseldorf 1999.

Kloth, Hans Michael: Vom „Zettelfalten“ zum freien Wählen: Die Demokratisierung der DDR 1989/90 und die „Wahlfrage“, Berlin 2000.

Kocka, Jürgen: Zivilgesellschaft als historisches Problem und Versprechen. In: Europäische Zivilgesellschaft in Ost und West, S. 13-39.

Kowalczuk, Ilko-Sascha: Endspiel. Die Revolution von 1989 in der DDR, München 2009.

Kundigraber, Claudia: Polens Weg in die Demokratie. Der Runde Tisch und der unerwartete Machtwechsel, Göttingen 1996.

Liebold, Cornelia: Zwischen demokratischem Zentralismus u. kommunaler Selbstverwaltung. Die Leipziger Stadtverordnetenversammlung, die Stadtverwaltung und der Runde Tisch der Stadt Leipzig 1989/90, (ungedruckte) Magisterarbeit Universität Leipzig, Leipzig 1995.

Lintzel, Detlev: Einhundertneunzig Tage. Der Runde Tisch des Bezirkes Halle 1989-1990. Hg. von Hermann-Josef Rupieper unter Mitarbeit von Anjana Buckow und Stefan Schäfer, Halle 1997.

Neubert, Erhart: Unsere Revolution. Die Geschichte der Jahre 1989/90, München 2008.

Poppe, Ulrike: Der Runde Tisch. In: Sabrow (Hg.), Erinnerungsorte in der DDR, S. 492-502

Rederer, Klaus: Der „Runde Tisch“ in Halle. Ein Kristallisationspunkt der Wende in der ehemaligen DDR, Norderstedt 2009

Revolution und Transformation in der DDR 1989/90. Hg. von Günther Heydemann, Gunther Mai und Werner Müller, Berlin 1999.

Richter, Maria: Die Arbeit der Teilnehmer des Runden Tisches des Bezirkes Halle im Transformationsprozess 1989/90, (ungedruckte) Diplomarbeit Universität Halle-Wittenberg, Halle-Wittenberg 2005.

Richter, Michael: Räte, „Volksvertretungen“, Runde Tische. Die Entwicklung der staatlichen Strukturen im Bezirk Dresden bis zur Wahl des sächsischen Landtages im Oktober 1990. In: Fischer/Heydemann: Die politische „Wende“ 1989/90 in Sachsen, S. 157-188.

- Das Ende von Bezirkstag und Rat des Bezirkes Dresden im Jahre 1990. In: Revolution und Transformation, S. 493-502.

- Die Bildung des Freistaates Sachsen. Friedliche Revolution, Föderalisierung, deutsche Einheit, Göttingen 2004.

- Die Friedliche Revolution. Aufbruch zur Demokratie in Sachsen 1989/90, Göttingen 2009.

- /Sobeslavsky, Erich: Die Gruppe der 20. Gesellschaftlicher Aufbruch und politische Opposition in Dresden 1989/90, Köln 1999.

Rupieper, Hermann-Josef: Runde Tische in Sachsen-Anhalt 1989/90. Einige Bemerkungen zur Forschungsproblematik. In: Rupieper, Friedliche Revolution 1989/90 in Sachsen-Anhalt, S. 194-207.

- (Hg.): Friedliche Revolution 1989/90 in Sachsen-Anhalt, Halle 2000.

Sabrow, Martin (Hg.): Erinnerungsorte in der DDR, München 2009.

Scherf, Karola: Der Runde Tisch des Bezirkes Karl-Marx-Stadt. Zur Arbeit eines politischen Gremiums zwischen Diktatur und Rechtsstaat, (ungedruckte) Diplomarbeit FHS Potsdam, Potsdam 1997.

Schnitzler, Stephan: Der Umbruch in der DDR auf kommunalpolitischer Ebene. Eine empirische Studie zum Demokratisierungsprozess von 1989/90 in der Stadt Erfurt, Göttingen 1996.

Semtner, Klemens: Der Runde Tisch in der DDR, München 1992.

Süß, Walter: Mit Unwillen zur Macht. Der Runde Tisch in der DDR der Übergangszeit. In: Deutschland Archiv 24 (1991), S. 470-478.

Thaysen, Uwe: Der Runde Tisch. Oder: Wo blieb das Volk? Der Weg der DDR in die Demokratie, Opladen 1990.

- Der Runde Tisch. Oder: Wer war das Volk? Teil 1 In: ZParl 21 (1990) S. 71-100. Teil 2 In: ZParl 21 (1990) S. 257-308.

- Der Zentrale Runde Tisch der DDR. Leistungen und Legenden. In: Fricke/Lechner/Thaysen (Hg.), Errungenschaften und Legenden, S. 55-79.

- (Hg.): Der Zentrale Runde Tisch der DDR. Wortprotokoll und Dokumente, Band I und V, Opladen 2000.

- Wege des politischen Umbruchs in der DDR. Der Berliner und der Dresdner Pfad der Demokratiefindung. In: Eckart/Wilke (Hg.): Berlin, S. 69-90. /Kloth, Hans Michael (Hg.): Wandel durch Repräsentation – Repräsentation im Wandel. Entstehung und Ausformung der parlamentarischen Demokratie in Ungarn, Polen, der Tschechoslowakei und der ehemaligen DDR. Baden Baden 1992.

- /Kloth, Der Runde Tisch und die Entmachtung der SED. Widerstände auf dem Weg zur freien Wahl. In: Materialien der Enquete-Kommission „Aufarbeitung von Geschichte und Folgen der SED-Diktatur in Deutschland", Bd. VII.2, Baden-Baden 1995, S. 1706-1852.

Ullmann, Wolfgang: Vorschule der Demokratie. Kirche und Runder Tisch, Berlin 1990.

Vollnhals, Clemens (Hg.): Jahre des Umbruchs. Friedliche Revolution in der DDR und Transition in Ostmitteleuropa, Göttingen 2013.

Weil, Francesca: Verhandelte Demokratisierung. Die Runden Tische der Bezirke 1989/90 in der DDR, Göttingen 2011.

Weiß, Robert/Heinrich, Manfred: Der Runde Tisch: Konkursverwalter des „realen" Sozialismus. Analysen und Vergleich des Wirkens Runder Tische in Europa. In: Berichte des BIOst 4/1991.

Weiß, Robert: Die „Runden Tische“ – ein osteuropäisches Möbelstück. In: Der Platz der Kirchen an den Runden Tischen, S. 8-13.

Weißbrodt, Daniel: Die Wende in Suhl. Das Umbruchsjahr 1989/90 in der Bezirkshauptstadt Suhl, Zella-Mehlis 2002.

Winter, Friedrich (Hg.): Die Moderatoren der Runden Tische. Evangelische Kirche und Politik 1989/90, Leipzig 1999.

Wurschi, Peter: Akteure an den Runden Tischen der Bezirke 1989/90. Tagung in Dresden, 19. April 2008, in: Deutschland Archiv, 41 (2008), S. 715-718.